U0399362

一路生花

中国交通报创刊40周年文集

中国交通报社　主编

人民交通出版社
北京

内 容 提 要

本书为《中国交通报》创刊40周年纪念文集，通过邀请部分在报社工作过的老领导、驻站记者及在职编辑、记者、员工撰写文章，从不同的视角，回顾发展历史，讲述奋斗历程，还原改革发展、新闻报道背后的生动故事，努力溯源一份报纸、一家媒体如何成为特色鲜明的交通运输行业宣传思想文化高地。

本书可供交通运输行业从业人员，以及相关人员参考。

图书在版编目（CIP）数据

一路生花：《中国交通报》创刊 40 周年文集 / 中国交通报社主编 . — 北京：人民交通出版社股份有限公司，2024. 10. — ISBN 978-7-114-19809-0

Ⅰ. G219.29-53

中国国家版本馆 CIP 数据核字第 2024ZW1184 号

一路生花

《中国交通报》创刊 40 周年文集

YILU SHENGHUA:《 ZHONGGUO JIAOTONGBAO 》 CHUANGKAN 40 ZHOUNIAN WENJI

著 作 者：中国交通报社
责任编辑：李 农 石 遥 师静圆
责任校对：赵媛媛 卢 弦
责任印制：刘高彤
排 版：北京楚泰文化传播有限公司
出版发行：人民交通出版社
地 址：北京市朝阳区安定门外外馆斜街3号（100011）
网 址：http：//www.ccpress.com.cn
销售电话：（010）85285857
总 经 销：人民交通出版社发行部
经 销：各地新华书店
印 刷：北京雅昌艺术印刷有限公司

字 数：208 千 开 本：710×1000 1/16 印 张：20
版 次：2024年 10 月 第 1 版
印 次：2024年 10 月 第 1 次印刷
书 号：ISBN 978-7-114-19809-0
定 价：148.00元

版权所有 · 侵权必究

（有印刷、装订质量问题的图书，由本社负责调换）

编委会

EDITORIAL BOARD

主　任： 朱玉峰　韩世轶

副主任： 慕顺宗　孙　静　马国栋

成　员： 陈　林　刘兴增　林　分　韩　璐

王　楠　王珍珍　卫　涛　卢　锐

张　凡　孙英利　姚　锋　李国栋

主　编： 韩世轶

副主编： 陈　林

编　辑： 王珍珍　刘　斌

中国交通报
创刊40周年文集
1984—2024

序

FOREWORD

应运而生　与时偕行

文章以载道，四秩正芳华。

诞生于 1984 年的《中国交通报》，今年迎来了创刊 40 周年。

新闻界有一种说法：今日的新闻就是明天的历史。尽管不一定准确，但新闻纸作为“历史的底稿”却是没有疑问的。翻阅 40 年来的《中国交通报》，中国交通报人必然比公众更接近和关注交通运输行业的发展历程和故事。

回顾 40 年来的创刊、创业，奋进、奋斗，我们用手中的笔与镜头，书写、记录了交通运输行业日新月异的发展历史，也亲历、见证交通运输如何推动经济社会的进步与辉煌。躬逢其盛，与有荣焉！

诞生于改革开放初潮起，成长于加快建设大跨越，壮大于逐梦强国新时代，《中国交通报》植根行业，守正创新，深入贯彻党的宣传思想文化、新闻舆论工作要求，时刻聚焦交通运输改革发展形势任务，成长为唯一覆盖铁路、公路、水运、民航、邮政、道路运输等交通运输各领域的行业新型主流媒体，传播力、引导力、影响力、公信力稳步提升。与此同时，报社自身也经历了从事业单位企业化管理、非时政类报刊出版单位体制改革等，变身为具有充分影响力、竞争力的中央文化企业。

党的十八大以来，中国交通报社进一步顺应新闻传播规律和新兴媒体发展变化趋势，推动报社的传统媒体和新兴媒体在内容、渠道、平台、经营、管理等方面深度融合，建成了包括报（纸质报＋手机报）、网（中国交通新闻网）、微（“中国交通报”微信、@交通发布）、端（“交通强国”客户端）、交通发布（入驻17个第三方平台）和《交通运输决策参考》《交通运输舆情智库》等全媒体传播矩阵，基本形成依托交通运输各领域资源良性运转的传播模式和运营模式，始终坚持把社会效益放在首位，实现社会效益和经济效益的同步提升。

这样的经历，对于每一个与《中国交通报》有过交集的人，特别是曾经为之而奋斗的人来说，都是值得记忆的，也都是愿意在这样的时间节点去回味的。

为此，在《中国交通报》创刊40周年之际，我们编撰出版本纪念文集，邀请部分在报社工作过的老领导、驻站记者及在职编辑、记者、员工撰写文章，从不同的视角，回顾发展历史，讲述奋斗历程，还原改革发展、新闻报道背后的生动故事，努力溯源一份报纸、一家媒体如何成为特色鲜明的交通运输行业宣传思想文化高地。

在这本文集里，有创业发展的艰辛与坚韧，有改革攻坚的勇气与创新，有投身新闻的责任与激情，有偕行交通的担当与成就；能看到鲜为人知的采编故事和情绪表达，更能看到一代代中国交通报人的业务接续与精神传承。

40年间，中国交通报人双脚踏遍神州山山水水，也曾走出国门把握世界的脉动。我们深知自己所立足的土地、所发声的底气，因此也格外感恩自创刊以来，曾经关心、指导、支持报社发展进步的领导和千千万万的行业干部职工、忠实读者，是你们给予我们前行的希望和奋斗的动力。在新的形势下，新闻舆论格局会变，媒体传播方式会变，但中国交通报社服务行业的初心不变，在加快建设交通强国的新征程上，我们将胸怀国之大者、聚焦交通要情，更加积极地拥抱行业，融身中国式现代化的开路先锋队列，改革创新，一往无前，为行业书写强国建设、民族复兴伟业的新时代答卷。

知所来，明所往。

流年不忘，未来可期！

中国交通报社党委书记、董事长

2024年10月

中国交通报
创刊40周年文集
1984 — 2024

目录

CONTENTS

脚步

那些难忘的记忆

《中国交通报》创刊前后的人与事

中国交通报社原副社长、副总编辑　李长青[①]

▲ 李长青（李宁　摄）

我已是八十有三[②]的耄耋之年了，回想《中国交通报》创刊前后的人与事，可谓百感交集。

---

① 李长青：1984年5月任筹备组负责人，1984年7月任副社长（主持全面工作），1987年12月任副总编辑，1994年9月离休。2017年12月去世。

② 此文为作者2014年回忆创刊30周年所作，有删节。

办报起因

1981 年我在交通部纪检组任检查处长，当年 11 月同中远公司的财务处长一起，去香港招商局查办一起有关 30 万美元存在私人账户的案子。调查后我写了个调查报告，由时任交通部部长钱永昌审处，经过两三次的修改后通过，因此同钱部长初步相识。

钱部长平易近人，处理问题严谨，思维缜密。调查结束后，有一天在钱部长办公室我提了一个建议：交通部这么大的事业，应当办一张报纸，活跃上下沟通。钱部长点头称是。同时我毛遂自荐，如果办报，我愿去报社工作。我参加工作 30 余年，有 20 多年的新闻工龄。

不久，交通部申请办报的报告，得到中宣部的批准，钱部长提名派我到报社工作。从此我与《中国交通报》结缘。

1984 年夏季，交通部政治部组织部（此机构早已撤销），从部直属单位抽调了 5 位同志到报社工作，计有办公室负责人、会计、出纳员，还有另两位同志。

当时一共办了三件事：一是同事们拿着文件到北京市委宣传部（或文化局）注册《中国交通报》创刊；二是到北京市朝阳区主管广告工作的部门注册开办广告业务许可证；三是到朝阳区所属银行办理了相关业务。

关于办报资金问题，部领导批示，每年向交通报社提供 45 万元办报经费。这笔经费连续提供四五年。报社的办公地点在安定门外外馆斜街（当时称黄寺）某职工宿舍的一楼。一套三居室做了交通报社的办公室，《中国交通报》有了安身之处，后来还制作了一块一丈来高的“中国交通报”报牌挂在宿舍大门的右侧，看着颇有点气魄，也是对外宣布此处即《中国交通报》办公地点。部领导还给报社拨了一台老上海牌轿车，作为报社的交通工具。部领导考虑得周到，很关心报社的工作。

借人办报

第一桩要事，要有一个强有力的编辑部，并且要有各个方面有学识的人才，这样编辑出来的报纸，才会得到读者的青睐！

办报人才从何而来呢？交通部政治部副主任范仰南同志找我商量，他说：“我们现在调配编辑记者，不是短时间能办到的，我们采取借人办报的方式，先解决用人之急。”他说，从《长江航运报》借调部分人员来京办报，可能是个救急的招儿。我很同意范副主任的意见，通过部政治部做工作，陆陆续续从长航系统调来了10余位同志，并得到交通部招待所齐所长的大力支持，抽出来几间客房，把这部分同志安顿下来，吃住在招待所。

经过了解，在《长江航运报》工作的只有两位同志，一位是即将退休的副总编辑，一位是年轻的编辑，其余均是《长江航运报》的通讯员。与此同时从《上海海港报》借来一位有新闻工作经验的老编辑，从《上海海运报》借来一位青年编辑，他毕业于上海复旦大学新闻系。

以上借调来的同志，均在水运系统工作，没有公路系统的

▲ 1984 年 10 月，报社筹备期人员合影，中排左五为本文作者

人员。我同部公路局有关同志商量，希望从各省公路报刊中借调两位同志。公路局很快从《云南交通报》《浙江交通报》借来了两位负责人，一位毕业于云南大学中文系，一位毕业于北京大学中文系。这两位同志的到来，给工作充实了重要力量。

如何开展下一步的工作？这是件很费心思的事情。当时报社负责人只有我一人。再三考虑后我决定：第一步，每天集中学习。介绍交通系统公路、水运、港口、科技、教育（当时交通系统各大学还是部直属单位）及部机关机构设置等情况。第二步，由我拟了一份新闻报道提要，请大家参与讨论。提要修改后分送部机关各部门领导征求意见。随后打印出来人手一份。第三步，搞了一次采访实践活动，意图是让大家到全国各地进行调研采访，了解各地交通行业的不同特色，回来后总结、交流心得体会。

初始工作杂乱无序，我报告范仰南副主任，决定由《长江航运报》《云南交通报》《浙江交通报》及《上海海港报》等几位同志，组成一个临时领导小组，由我任组长。这样就分头负责有关工作，有什么问题也好商量。

事到此时已进入六七月盛夏季节。钱部长要求 10 月 1 日出报。当时的状况，难度很大。

应届毕业大学生陆续报到

借调人员已到齐，应着手的工作已做了一些，但真正开展办报的具体业务工作，尚无着落。恰值此时，部政治部组织部给报社调来了一批应届毕业的大学生，他们陆续到报社报到。我当时愉悦的心情难以名状，筹划办报的工作就此进入了实质性的时期。

大学生们是从全国各大学调入的，其中只有 4 人是从公路、水运学院毕业的，余者有学中文的、学政治的、学经济的、学法律的。同时有位北京大学中文系毕业的学生主动要求到报社工作。

无巧不成书。工人日报社先后有 3 位同志希望到交通报社工作。这几位都有数年甚至多年的新闻工作经历，各有专长，一位是值夜班的老编辑，一位是北京大学新闻系毕业的青年编辑，另一位是有才华的诗人，在工人出版社某文艺杂志任编辑，还有一位曾在《铁道兵报》任编辑。这几位同志的到来，确实是又一场及时雨，报社编辑部迎来了顶梁柱。

刚毕业的大学生，生活负担较重，报社决定每人每天补助一元钱伙食费，其余工作人员每天补两毛钱，奖金一律每人每月二十五元。领导层一分钱的系数也没有，但全社大多数同志以办好报纸为己任，并不计较待遇的高低，精神是很值得钦佩的！

编辑部架构的组成

编辑部的组成：总编室负责一版，二版经济部，三版综合部，四版文艺部。另有通讯联络部，还有摄影科、广告科、发行科及校对组。

依据对大学生的初步印象，依所学专业为主，分到各部工作，加上从借调人员中调出几人分到各部工作。从《工人日报》和《铁道兵报》来的几位同志，分别任各部门副主任（副处级）。

编辑部各部组成后，我对借调来的同志们远道进京，参与创办《中国交通报》，而不顾对家庭的影响，深表谢意和歉意！这些同志很理解报社的情况，大多数同志愉快地返回原单位了。

初步走上新闻道路的大学生们热情很高，但对新闻知识却知之甚少，对交通业务也不大了解。为此，一是组织他们去某单位的学习班学习新闻业务，每人都给买了成套的新闻教材；二是请交通部公路局等部门的领导同志到报社讲交通业务知识。两个业务建设（新闻、交通）是不可或缺的，也成为以后成长的阶梯。

交通部创办《中国交通报》，得到了交通行业各部门的欢迎和支持。大约到 1984 年的七八月，报社陆陆续续收到稿件，并且逐日有所增加。这真是一件让人兴奋激动的大好事，离报纸创刊的日子不远了。

两期试刊后正式创刊

1984 年 10 月，部里还没有调配领导干部的计划，报社的领导班子只有我一人在那扛着。但领导班子的组建已成燃眉之急。我左思右想，决定找些以前的老领导和熟悉的同志做工作，拟请一两位老新闻工作者来交通报社任职。

一次在某公园里散步，巧遇老朋友康文田同志。康文田同志是 1951 年我在哈尔滨《东北林业工人报》工作时的同事。这次见面时康文田从林业部调到北京市某局工作。我登门拜访，希望他到交通报社工作，我们一拍即合，事情较顺利地办成。经交通部任命：李长青任副社长，康文田任副总编辑，均为副局级。我们俩分工：我负责全社的统筹工作，康总负责编辑业务。同时成立了报社党支部，李长青任党支部书记，康文田等同志为委员。

时间已快到 10 月，编辑部各部从自流稿（自然寄来的稿件）中编出了各版的稿件送审。康总和我分别粗略地看了送审稿，觉得还可以，但马上创刊还粗糙些，商议后决定先办两期试刊版的《中国交通报》，待稍有经验后再正式创刊。

试刊版出报后，得到了较多的好评，编辑部的同志很受鼓舞。两期试刊后，到 1984 年 11 月 7 日《中国交通报》正式创刊，请钱部长题写了报头，我写了一篇“致读者”发刊的话（经主管报社工作的王展意副部长审阅），给办报主旨定了个基调。

中国交通報

ZHONGGUO JIAOTONG BAO

1984年10月1日 星期一 试刊第 1 期

立表改革，勇于开拓交通运输事业的新局面！
李鹏 一九八四年七月十八日

加强水路、公路建设，勇于创新，搞交改革，更好地为四化建设服务。
郭洪涛

大胆改革 放宽政策 多家经营 鼓励竞争

努力把交通运输搞通搞活搞上去

端正指导思想 发展交通运输

祝贺与希望

交通系统情报组织初具规模

民生轮船公司正式成立

本溪县成立农民汽车学校

新建瓯江大桥通车

部属院校八千多名新生入学

打破人为分割 组织省际客运

城乡联营 搞活运输

首都新闻界参观新港

黄河水系航运规划领导小组成立

全国个体户车船近240万辆艘

致读者

庆祝中华人民共和国成立三十五周年

▲ 1984 年 10 月 1 日，《中国交通报·试刊号》出版

《中国交通报》创刊于 1984 年 11 月，到 1985 年即从周一刊改为周二刊，虽有难度，但由于稿源日增，每日有四五十篇以上，再者编辑部同志业务水平提高很快，报纸的影响力加大，钱部长号召交通系统把《中国交通报》发行到公路道班和船舶。《中国交通报》的有些新闻，被中央人民广播电台广播，更成为一时的佳话。《中国交通报》报价每份 5 分钱（当时的报价大体如此），发行量达到万份以上。

创建记者站

1985 年春，从《长江航运报》借调来的一位老同志几次同我商议建立记者站的问题，我一时抽不出时间，请他先到各地摸摸情况。出乎意料的是，他很快回来高兴地告诉我，陕西省交通厅同意建站，并且指定了记者，这就是《中国交通报》首个记者站的首位记者姜志理同志。过了不久，河北省交通厅也建了站，记者是谭峰生。两位都是大学本科生。

由此得到启发，记者站建在各省（区、市）交通厅（局）是一个极好的选择。我同康总商量，报社可以向各省交通厅发一个建站函，记者站实行双重领导，人选、资金、办公条件等由厅里负责，新闻业务由报社负责。先从长江以北的诸省试点，在泰安市开一个建站会议，河北省交通厅副厅长到会，北方各省派出宣传处长、人事处长或办公室负责人到会。报社提出建站的要求：一是希望得到各省厅的大力支持；二是记者站以宣传本省交通新闻为主；三是记者站设一名站长，可兼职，但应设一位专职记者，就新闻业务与报社沟通；由报社通联部负责与记者的联络；四是记者可以到报社暂住，提升新闻业务水平；五是记者站多做《中国交通报》推广工作。

会后各省陆续建立记者站，由此我们又得到一个启发，不久在贵州省交通厅的支持下，报社在贵阳开了一个南方片的建站会议，亦取得了较理想的成绩。

全国《中国交通报》记者站基本建立起来了，记者们积极性很高，竞相写来了许多稿件，均是各省重点内容，质量较高，对提高《中国交通报》的质量有很大促进。

为了交流记者站的工作情况，也是让各站同志彼此见见面，互相认识，在四川省交通厅的支持下，1985 年夏在四川乐山市召开了首次记者站工作会议。1986 年 9 月，报社得到福建省交通厅的支持，在福州市召开了第二次记者站工作会议。

《中国交通报》记者站的建立与健康成长，应感谢各省市交通厅、局领导的大力支持。记者站已成为《中国交通报》的得力助手，成为《中国交通报》不可或缺的臂膀。

祝愿《中国交通报》前程似锦！

规范化建设　专业化发展

——访中国交通报社原党委书记陈忠国

本报记者　陈雪飞

▲2024年7月，陈忠国接受本报记者采访（陈雪飞　摄）

寄语：时间过得很快，《中国交通报》已经走过了40个年头，在此向所有为报社发展作出贡献的同志们表示崇高的敬意，感谢你们的辛勤劳动！

1995年，《中国交通报记者站规范化建设达标标准》颁布施行，记者站规范化建设如火如荼地开展，记者站也逐渐成了办好《中国交通报》不可或缺的重要力量。我们邀请了中国交通报社原党委书记陈忠国，谈一谈当年记者站规范化建设的那些事。

“《中国交通报》是一份行业报纸，离不开来自行业的支持。”陈忠国在谈及《中国交通报》的定位时这样说道，这也是他在报社工作多年的切身体会。当时，为了紧密联系行业，在报社党委的领导下，报社开展了一系列的工作，其中让他印象最为深刻的就是记者站规范化建设工作。

制定标准　为记者站建设指明方向

1992年，陈忠国从交通部公路规划设计院调任至中国交通报社任职。陈忠国回忆，当时报社在北京的记者主要负责报道交通部的信息，受制于当时交通等条件的影响，记者到各个省（区、市）采访报道的机会并不多，主要是依靠地方记者站的记者和通讯员等通联队伍在当地采访，然后给报社供稿。正因如此，要想进一步提高办报质量，加大宣传的广度与深度，更好地服务交通行业，抓好记者站和通联队伍建设就成了当时一项非常重要的工作。

记者站的建设工作可以追溯到报纸创刊初期。1985年1月，交通部发文，正式同意在全国各地交通部门设立记者站，并对记者站建设提出了具体要求。1990年，全国各省（区、市）交通厅（局）及一些部直属单位的记者站已达到40余个。到1995年，记者站总数又有所增加，驻站记者人数达到130多人。当时，报社对记者站的管理、考核也出台了一些制度，使记者站工作逐步走上了正轨，记者站在办好《中国交通报》中发挥的作用越来越重要。

随着记者站和驻站记者规模的增加，有些问题逐渐显现。比如各地记者站的建设和发展不平衡，不少记者站办公设备缺乏，编制以及经费等得不到保障等。陈忠国介绍，记者站建设初期，考虑到各省（区、市）经济发展情况差别较大，报社并未明确记者站的建设标准，出现这种情况可以理解。但是想让记者站的工作再上一个台阶，这些问题就亟待解决，加强记者站规范化建设成为当时迫在眉睫的工作。于是，报社邀请了一些记者站站长和记者，针对当时的状况，讨论研究记者站规范化建设相关工作，制定了《中国交通报记者站规范化建设达标标准》（以下简称《达标标准》），经过报社党委讨论通过后于1995年10月施行。

《达标标准》的内容包括机构设置、新闻报道、通联工作、发行工作、基础工作等5项共22条。同时，依据《达标标准》的规定，报社将开展记者站规范化建设达标活动，对记者站规范化建设进行考核，满分100分，得分80分以上为规范化建设达标记者站。此外，报社还制定了在记者站规范化建设达标活动中评选“十佳记者站”和“十佳记者”的具体要求和条件，进一步调动了记者站开展建设达标活动的积极性。

陈忠国表示，当时开展记者站规范化建设达标活动主要想起到四个方面的作用：一是运用目标管理的模式，规范记者站应具备的软硬件要求；二是组织记者站的同志互相观摩，对口学习，互相借鉴，取长补短；三是通过检查验收，对记者站的工作进行“会诊”，对症下药，以利于有的放矢整改；四是促使各省（区、市）交通厅（局）进一步重视和支持记者站工作。

积极行动　规范化建设成果丰硕

记者站规范化建设达标活动开始后，报社组织包括社领导、部分记者站站长在内的达标验收检查组，分别对除西藏记者站外的绝大部分记者站进行了巡回检查及验收。陈忠国回忆，为做好这项工作，当时通联部做了大量工作。巡回检查加验收这种方式，让不同地方记者站的同志有了一个互相交流学习的机会，有助于将别人好的经验实践应用到自己记者站的规范化建设中去。在检查过程中，东北三省的达标建设工作给陈忠国留下了深刻印象，在时隔近 30 年的今天，他还清晰地记得：“黑龙江站站长曹兆田、吉林站站长杨廷华、辽宁站站长陈旭，他们确实很下功夫，省交通厅也很重视，工作都做得不错。”

在对每一个记者站检查验收后，都会形成验收报告，内容包括“基本评价”“得分”和“整改意见”，报社对达标的记者站授予“规范化达标记者站”铜牌。在记者站和省交通厅等单位的共同努力下，经过近两年时间，记者站规范化建设达标活动取得了丰硕成果，记者站工作也上了一个新台阶，为报社提供的稿件和素材质量大幅提升，随之而来的是报纸的发行量、影响力不断提升。

在陈忠国看来，当时开展的记者站规范化建设达标活动是加强记者站建设的有效手段，是办好《中国交通报》的基础工作之一，这项活动也发挥了积极的作用，成为记者站和记者队伍专业化发展的重要标志。

▲ 中国交通报第三期驻地记者新闻业务研讨会

激荡改革潮

——访中国交通报社原社长李育平

本报记者　王珍珍

▲ 2024 年 8 月，李育平接受本报记者采访（吴晓军　摄）

世纪之初的改革拉开了中国交通报社二次创业的序幕。作为曾经掌舵报社这艘“轮船”驶入改革深水区的船长，中国交通报社原社长李育平对于 2000 年的那个夏天记忆颇深。

“翁孟勇副部长送我们到报社任职的第一天，正值盛夏，天气炎热，开会的时候台上坐着五个人，台下很多人倚着后墙站着，中间隔着七八米也没有人。”这个第一印象并不好，以至于 20 多年后接受采访时，李育平还清晰地记得这个场景。

“外行来办报，不行又咋地?”李育平承认当时写下这句话多少有赌气的成分，正是这口“气”，让他立志要从一个办报“外行”成为“内行”。只是尚不及细细思索，“危局”已近在眼前。

“两个转变”迫在眉睫

按照中央办公厅、国务院办公厅 1999 年 30 号文件精神和原交通部领导批示，从 2001 年起，《中国交通报》将由机关报转变为行业报，由财政补贴转为自收自支，依靠市场求生存、谋发展。“两个转变”倒逼改革势在必行。

“改革首先要转观念。”在李育平看来，当时报社面临着建社以来最为严峻的形势，观念滞后、管理松散、大锅饭和机关报思维定式所带来的服务性差、市场味不浓、报纸面孔僵硬等问题，已不适应企业化管理的要求和读者的需求。而由单纯的事业单位转轨到事业单位企业化管理，也不是一个简单的过渡，而是一次从观念到管理体制、人事制度、分配制度的变革。

从了解报社各部门职责定位开始，逐一厘清报社的运行机制；与职工谈心谈话，了解大家的困难与想法；到兄弟单位取经，学习好经验好做法……新的领导班子迅速行动起来，在“危局”之中寻找机遇。

社领导带领各部门负责同志，先后到中国化工报社、中国消费者报社、中国矿业报社等行业媒体学习取经，不但学到了在市场经济条件下办报与经营的许多好做法，更重要的是引进了市场竞争意识和一系列新的观念。在此基础上，报社先后召开北戴河改革专题研讨会、新疆记者站工作会等会议，把各部门负责人和记者站站长集中在一起，围绕管理体制、人事制度、分配制度和报纸定位四个重点进行深入讨论，初步厘清了改革的思路。

为加强领导，报社成立了以社长李育平为组长的改革领导小组，下设工作小组，负责改革方案的起草工作。“设计方案发动职工广泛参与，一个多月的时间里，从民主到集中，再从集中到民主，几上几下，既集中了大家的智慧，也在不知不觉中强化了市场观念。”李育平说。

报社改革适逢《深化干部人事制度改革纲要》（2000 年第 29 号国务院公报）出台，社领导多次向主管部领导和有关司局汇报报社改革总体思路，部党组对报社的改革思路给予了充分肯定和大力支持，并作了十分明确的指示，对报社前途充满信心。

“四项改革”同步推进

2000 年 9 月上旬至 11 月底，报社集中时间、集中精力对报纸定位与版面结构、内部管理机制、人事管理制度、分配制度，进行了全方位改革。

首先，按照新闻规律、市场规律、行业需要重新定位报纸，确定了从读者层面和客户层面倒推进行版块和栏目设置的原则，确定了加强正刊的10个方面内容和办好周刊的市场切入点。

“立足交通，突破行业，面向社会，增加信息的广度和深度，使报纸成为全社会了解交通的窗口，行业内部上下沟通、横向交流的纽带，交通行业与其他行业联系的桥梁”，这是改革后的报纸“大定位”。李育平这样解释“突破行业”——“除了交通部主管的行业，大交通及与交通相关的出租车、汽车制造、维修市场、原材料、生产加工部门等，都是我们要突破的领域”。

2001年起，报纸由每周20个版增加到32个版，周一至周五每天出版4个版的正刊，增加的12个版办3个周刊，分别为周一《公路周刊》、周三《水运周刊》、周五《出行周刊》。正刊的设计突出政治性、权威性、服务性，加强对交通部政策、重大事件、言论、先进典型等的报道力度，使报纸实现“把握政策脉搏、策划系统引导、加强本报评论、突出典型”的目的。周刊设计突出市场性、服务性、可读性，侧重于扩大读者面和开拓广告市场，公路、水运、出行等周刊正是基于当时对交通运输行业重点发展领域的判断，2002年新增《物流时代周刊》和《汽车周刊》也是基于此判断。

其次，在管理体制方面，为适应事业单位企业化管理需要，报社根据办报、经营和企业化管理需要重新设置内部机构。

为适应全面提高报纸质量和扩版、改版需要，实行主持人制度，策划组织与质量管理前移，新设重大题材部，主攻“热点、难点、焦点”报道，加强总编室职能，确保采编时效与流程控制；为适应发行需要，调整通联发行部职能，加强发行力量，实行发行数量与职工收入联动，建立全员重视发行、多渠道抓发行的新机制；适应开拓广告市场和其他经营需要，新设经营管理部和四个经济实体，出台相关政策，鼓励广告经营平等竞争，鼓励内部实体对外经营；按照精干高效的要求，精简行政部门岗位设置，党、政、人事办事机构合一……

这次机构改革后，共设立内部机构和经济实体 14 个，其中办报机构 4 个、经营机构 4 个、按内部公司运作机构 2 个。在总职数不增加的情况下，通过调整构建起了“办报”与“经营”“两个轮子”基本配套的机构框架。

在一外（报纸面貌）、一内（内部机构）两项改革之外，重心来到人事制度和分配制度改革：建立以聘任制和岗位管理制为重点的人事管理制度，形成有利于优秀人才成长并发挥作用的用人机制；建立按岗位定酬、按业绩定酬、按效益取酬的分配制度，形成重实绩、重贡献、向优秀人才和关键岗位倾斜的分配激励机制。

“人事制度、分配制度改革的重点是竞争上岗，通过有关制度和程序，选出每个岗位最合适的人选，以充分发挥每个职工的积极性和创造性，充分挖掘现有人才资源的潜力。”李育平介绍，与此同时，报社还搭建了面向社会公开招聘人才的制度平台，广泛吸纳优秀人才。

在这次改革中，报社共设立了25个部门和经济实体正副职领导岗位。竞争上岗的基本程序是：公布竞争岗位、岗位职责和任职条件；个人根据自身条件，申报自己认为最合适或比较合适的岗位；党委审查把关；申报人在竞争上岗大会上进行演说和答辩，综合评价系统当场打分，决定优胜者。这次竞争十分激烈，大部分岗位3人竞争，几个岗位的竞争者达4～6人；由于对手太强或旗鼓相当，有的竞争者综合得分达92.67分仍然落选，有的岗位第一名和第二名的综合得分相差不到2分。通过竞争，4名原部门正副职落选，同时涌现出一批新人，4名原部门副职成为部门正职，11名一般职工成为部门正副职。

“竞争上岗不是一竞定终身，报社规定聘期为两年，也就是说，每隔两年进行一次竞争上岗。同时还制定了岗位动态管理办法，没有完成任期目标、发生重大责任事故等情况下，立即解聘。”李育平说，正是看到了这一用人制度的生命力，一位竞争者用这样一句话作演说结束语：如果这次竞争落选，两年后我卷土重来！

“二次创业”再启新程

2001年1月1日，《中国交通报》推出24版套彩印刷的《中国交通报·世纪金版》，这是全面实施改版方案的“面世之作”。“新世纪新形象　新举措新跨越”的通栏标题，是“报人心语”，更是“未来期许”。

世纪金版 中国交通报 CHINA COMMUNICATIONS NEWS 世纪金版

2001年1月1日 星期一

跨入新世纪 创造新辉煌

元旦献辞

社论

小平家乡通了高速路

高奏"畅通歌"

新世纪你好

跨越

百年交通启示录

自豪与责任

世纪作证

▲ 世纪金版 1 版

报人心语

新世纪新形象 新举措新跨越

时光隧道任逍遥

长路漫漫从头越

第一声问候

真诚与期待

足球与报纸

一家人不说两家话

汪洋中驶来一条船

愿做你的朋友

▲ 世纪金版 3 版

“改革后的报社万众一心，热气腾腾，版面焕然一新。”李育平介绍，当时聘请国内著名调查公司进行的社会调查表明，《中国交通报》在 9 家同类报纸中，“认知率、忠诚度、阅读率、主动推荐率”均居第一位。报社自主开发的中国交通报综合业务信息系统获得国家新闻技术进步三等奖。中国产业报协会曾致函原交通部党组称，《中国交通报》“在宣传报道、报业经营和社务管理等方面，都位于国务院各部委主办的 73 家全国性行业报的前列”。原新闻出版总署报刊司司长王国庆也在一次会议上讲：“毫不夸张地说，《中国交通报》是全国行业报的领军报。”

“这些成绩是在部党组的领导下，包括记者站在内的历代交通报人传承、积淀所致，是数十年不断改革创新的成果。”在李育平看来，《中国交通报》的核心价值有四个方面：一是中国交通报的品牌含金量；二是严肃、负责任行业大报的办报理念；三是有一支忠于交通事业、熟悉交通行业、尽职敬业的新闻骨干队伍；四是有坚实的记者站群体。这四方面的核心价值无一不是几代人心血的结晶，是一代一代人传承的结果。

对历史最好的纪念，是创造新的历史。李育平说，不久前召开的党的二十届三中全会，站在新的历史起点上，谋划了进一步全面深化改革的总体部署、重大举措。“改革开放只有进行时，没有完成时”“敢于突进深水区，敢于啃硬骨头，敢于涉险滩”等一系列表述，既是改革开放精神的时代回响，也激荡起推进和拓展中国式现代化的澎湃浪花。

创新，从未止步。李育平祝福，新征程上，创刊40年的《中国交通报》向着更加壮阔的航程行稳致远，一代又一代的交通报人也将奋楫扬帆、赓续前行。

勇立潮头逐浪高

——访中国交通报社原总编辑杜迈驰

本报记者　索梦瑶

▲ 2024 年 7 月，杜迈驰接受本报记者采访（吴晓军　摄）

寄语：创新全媒融合发展，持续提高报道质量，不断壮大经济实力，服务交通强国建设。

40年来，《中国交通报》出版的周期、版数、版面定位、办报理念几经变化，从中可见行业的发展、时代的变化；回首40年历程，也可以看到很多不变——坚持正确舆论导向、服务行业的宗旨、对办报质量的孜孜追求、优良的工作作风……报社创刊40周年前夕，我们采访了中国交通报社原总编辑杜迈驰，请他带我们一同回顾报社在报纸内容质量建设方面的探索与成果。

记　者：报社40年来的办报理念、版面内容形式等方面发生过哪些变化？请您回顾一下报纸在不同阶段的内容特色。

杜迈驰：1984年年初，小平同志视察了深圳、珠海经济特区和建设中的厦门经济特区之后，中国改革开放的步伐开始加快，党中央对交通改革发展作出了一系列重要指示。党中央的决定需要及时向广大交通职工宣传，交通部贯彻中央部署而采取的方针政策需要全行业统一认识、贯彻执行。此外，改革发展中的问题需要探讨，探索到的经验需要交流，取得的辉煌成就需要报道。在这种形势下，《中国交通报》应运而生，于1984年11月7日正式创刊。

创刊初期，报纸定位于“立足交通、面向社会、贴近基层、服务读者”。此时报纸内容的特点很鲜明：一版要闻评论多，《水陆纵横谈》评论栏目有时候刊登三篇言论，重要稿件还配发了评论，并被中央人民广播电台早间的《报纸和新闻摘要》栏目转播。二版经济版的栏目很多，《社会运输之窗》《市场信息》贴近交通改革发展的实际。三版政法为板块结构，《文明服务》《读者来信》服务性、知识性很强，同时关注公路道班、救捞、灯塔等岗位基层员工的酸甜苦辣、意见和呼声。四版文化副刊有文学版或综合文化版，不定期刊登书画、摄影作品，培养了不少文学创作人才。

报纸创刊初年是周一刊，1985 年改为周二刊，1991 年年初出周三刊，报纸容量增加，版面也增加了新栏目，一版《来自老少边穷地区的报道》、二版《行管前哨》、三版《广角》、四版《周末》很受读者欢迎。也就是说，我们用了 6 年多时间，从创刊时的周一刊发展为周三刊，步伐快而坚实，且从机关报逐步向行业报转变。

自 1993 年 5 月开始，报社进入市场探索期，我们用了整整 10 年时间探索市场化运营的办报途径，相继办过《周末》《星期特刊》《公路月刊》等，平均不到一年就办一个。这不但记录着报纸闯市场的艰辛，而且反映了办报理念的螺旋式提升。

1993 年，社会上出现了报纸办周末版热潮，文章内容轻松，或以大特写的方式描写社会现象。《中国交通报》也顺应这一潮流，在 1993 年 5 月 1 日出版了周末版，每期四版，周六出版。编辑甚至上街卖报，同时了解读者需求。

1994 年年初，经过半年多调研，新一届报社党委决定坚持以办报为中心，扩大报道信息量和报道面，加强深度报道，提高言论质量，拓展发行领域。因此，聚焦热点难点的深度报道增多。一版《热点透析》专栏剖析交通改革中遇到的问题，并尽可能提出对策。二版新辟《经营一得》专栏及时报道企业扭亏增盈的经营之道。三版职工生活版新辟《职工心里话》栏目，刊发广大交通职工对各项改革的看法、日常工作和生活中的问题及解决之道。四版副刊增加对企业文化的报道，更多刊登针砭时弊的杂文。市场经济中交通行业需要什么，报纸就组织什么内容的文章，报纸围着市场转，报纸面向市场办。

1994 年 9 月，市场味较浓的《星期特刊》创刊，当年出了四期试刊，1995 年年初《星期特刊》套红印刷，逢周六出版，总体内容大大贴近交通，实用性、市场味显现。

1998 年国家对公路建设投资从此前每年几百亿元增加到年底的 2000 多亿元，各地公路建设步伐普遍加快。为满足公路材料、施工机械和汽车市场需要，从 1999 年 1 月起报纸每月月末增加出版四个版的《公路月刊》，并尝试加出了四个版的《车辆广场》《世界交通》专刊。

▲ 1995 年国庆期间，山西太原至旧关高速公路东西两段建成通车，杜迈驰（右一）参加了通车典礼，并采访了大寨村党支部书记郭凤莲（右三）

与此同时，我们十分重视读者调查反馈的意见，及时对报道重点进行调整。一面调整版面栏目，一面调整版式，以进一步贴近市场、开拓市场。

2000 年《中国交通报》改出周五刊，每期四版。当年 10 月、11 月《公路月刊》变成《公路周刊》，同时《水运周刊》试刊号出版。2001 年的周五刊每周出 32 块版，周一、三、五增出《公路周刊》《水运周刊》《出行周刊》。

2002 年的周五刊每周出 40 块版，《公路周刊》《水运周刊》不断扩大信息量、信息“含金量”和市场的服务性，企业报道的分量加重。《出行周刊》改为《综合运输周刊》，主要报道现代化综合运输体系发展、经营的动态，并剖析相关的热点难点问题。另外创办两个新周刊《物流时代周刊》和《汽车周刊》：前者报道国内外物流业的发展动态、经营管理经验和热点难点问题分析；后者报道客车、卡车等商用车和家庭轿车市场走势、零备件以及修理市场需求等。2003 年周一到周五周刊出版顺序做了调整，关注度高且有广告潜力的《公路周刊》《物流时代周刊》放在每周前两天，总版数仍为每周 40 块版。

正刊行业新闻 + 周刊不同子行业深度报道，这样的版面格局形成后，办报需要更加完善、科学、严格的管理，于是我们出台了市场调查办法、报纸定位办法、策划与稿件组织办法、召开编前会有关规定、预稿处理办法、编审流程及岗位责任规定、值班编委规定、采编部门考核分配办法、报纸质量考核办法、记者站管理考核办法等。出版流程单规定了时间限制，并要求三层编审人员都签字，避免了编报时间无限制后拖。报纸质量考核办法操作性很强，出了什么样的差错、什么层次责任人扣多少分，都有明确规定。

改革很快见效，报纸发行量稳中有升，报纸内容质量得到了更多读者的认可。根据2004年6月读者调查，与其他8家同类报刊比较，现有读者的认知率、忠诚度、阅读率、主动推荐率，本报均居第一；本报的现有读者传阅量最高，每份报阅读人数平均达到29.54人，这是相当可观的数字。

记　者：您任总编辑期间，非常重视报纸内容质量建设，针对报纸内容质量提升，您采取了哪些创新举措？取得了怎样的成效？

杜迈驰：为了提高办报质量，我们尝试过的举措非常多，涉及行政管理、人才培养、产品销售、市场经营等方方面面。首先要筑牢一个基石，那就是严格办报质量管理制度。提高办报质量离不开采编规章制度的建立，并且要根据实际情况及时修订补充。我1993年8月到报社后，参考别社文件，结合本报实际，在报社原有规章的基础上细化健全了规章制度。第四任社长任职期间制定了完善的制度体系，第五任社长任职期间报社又出台了加强水运报道的意见、各地重大报道选题机制的执行办法、提高图片质量管理的规定、广告发布管理规定等办法和规定。

在完善制度这个基础之上，报社也不断提升采编人员素质。为了增加办报的新鲜血液，对新进报社的采编人员进行笔试、面试，择优录取，上岗前进行培训。另外，我在社内开办新闻业务讲座，出版培训教材《你能成为新闻多面手》系统地辅导采编人员，还请交通部或社会上专家授课，将中国新闻奖特别优秀作品张贴点评。我还一直鼓励大家通过写论文提高理论水平，鼓励大家日常抓住好题材精心采编，向中国产业好新闻奖甚至中国新闻奖冲击。

我到报社后召开过数次听取读者意见的座谈会，做过五次大型读者调查，了解本报的读者构成、阅读重点、不同文化程度和职业的阅读兴趣等，从而确定版面定位和栏目。版面定位和栏目确定后，要加强联动报纸发行和广告的年度、季度、月度报道策划，并在事后检查效果。

具体到报纸内容，我认为要高举评论旗帜。评论是报纸的旗帜、灵魂，是导向中的导向。任何媒体的总编辑，没有一个

▲ 2005 年 11 月 23 日，著名书法家、第三届中国书协副主席李铎（左）为本报题写报名

不重视评论写作的。有一段时间，我把版面有无评论作为考评内容，动员大家写评论。我自己带头写，除了重要会议配发系列评论外，还为一版的言论栏目写小言论。

这些举措一一落实后，报社发展也取得了可喜的成效。首先是读者满意率有了明显提升：到 2004 年，总体上“比较满意”读者的比例从 2001 年的 64.2% 上升至 77.3%。

同时，报纸也诞生了许多佳作。2002 年湖北记者站柯营之、石斌采写的《60 公里国道设 8 道关卡》获得中国新闻奖消息类三等奖；2003 年广东记者站吴楚楚写的《全国首个路桥收费站“退休”》获得中国新闻奖通讯类三等奖；我写的论文《报纸的二次销售及其策略》获中国新闻奖论文类三等奖。

记　者：在您的职业生涯中，曾策划过多个大型报道活动，也带头深入基层采写深度报道。请分享您印象最深的一组策划或一篇报道，其背景、过程、亮点是什么？影响又如何？

杜迈驰：1994 年 3 月初，我和报社同志在天津听取读者对报纸的意见时，一些企业反映《全民所有制工业企业转换经营机制条例》中的十四项自主权没有完全落实，希望报纸给予反映。

其实，我们对企业自主权没有落实的情况早有耳闻，编辑部在年初策划全年报道计划时已将其列为重点题目。不久，我把调查经营自主权在企业落实情况的想法向原交通部体改法规司领导做了汇报，他们表示支持，并说这是一个好点子，是报社帮助部里做工作。

4 月 11 日，我和秦皇岛记者站的王文斌赶到天津与天津记者站站长蔡志鹏会合，我们在天津、北京进行了半个月采访。远洋运输、水上施工、公路建设三个系统，接受采访的有七八十人。

这组稿件共七篇：《雄关漫道真如铁》《压低投标价并非良策》《拒绝摊派难在哪里》《海外经营话出“门”》《对外经营权给谁》《向建立现代企业制度迈进》《怎样与现代企业制度接轨》，反映的既是热点又是难点问题。

当时，我让编辑部为这组文章开辟了《热点透析》专栏，陆续发表这组文章。没想到文章刚见报三篇，就引起时任交通部部长黄镇东的关注，他要求有关部门把见报稿和未见报稿收齐上交。不久，在一次部党组会上部领导公开表示，说这组文章不错，希望有关司局认真看看。这组文章旗开得胜后，我又把目标瞄准了渤海湾海上客运市场开放、企业“转机”与“建制（建立现代企业制度）”衔接等问题。

记　者：最近关于“新闻业务退化论”的讨论比较激烈。报社的年轻人越来越多，面对日新月异的媒体发展，需要更扎实的业务能力。对于年轻编辑记者，您有什么建议？

杜迈驰：新闻业务退化的现象，希望我们报社不存在。关于年轻记者编辑如何打牢基础、精进业务，我这里有几条建议与大家分享。

我希望年轻同志加强理论学习，理论毕竟是实践的先导。深入学习贯彻习近平新时代中国特色社会主义思想，党的二十大报告以及党的二十届三中全会刚刚通过的决定，包括今后党中央的重要会议报告或决议重要内容，都要保存下来认真学习。总理向两会做的年度政府工作报告中对交通发展的要求，年度全国交通运输会的工作重点，也要熟悉。关于交通运输发展的重要文件比如《国家综合立体交通网规划纲要》《交通强国建设纲要》等，重要内容要牢记。全国经济社会发展和交通发展的统计报告，也要保存下来，方便随时查阅。

新闻采写是我们的看家本领，年轻同志一定要练就过硬的新闻采写功力，各种体裁新闻作品都能写，甚至倚马可待；不仅熟知交通发展，还要善于观察思考，平日留心搜集、积累今后可能用到的资料，并分类保存，同时牢记交通运输发展的重要数据。新媒体要求的录像、摄影、视频剪辑、面对镜头的现场解说等技能，也都要掌握。

作为新时代高素质人才，要德才兼备，我希望大家养成高尚的社会公德和家庭美德，工作上不怕苦、不怕累、不怕困难、不计名利得失，这样才能走得更长远。

发力融合　破题成势

中国交通报社原党委书记、董事长　蔡玉贺

▲2020年9月18日，在中关村论坛演讲

党的十八大以来，以习近平同志为核心的党中央作出了推动传统媒体和新兴媒体融合发展的重大决策部署，习近平总书记亲自谋划、指导、推动媒体深度融合发展，在党的新闻舆论工作座谈会、中央政治局第十二次集体学习会上都发表重要讲话，中共中央办公厅、国务院办公厅2020年9月印发《关于

加快推进媒体深度融合发展的意见》，“推进媒体深度融合，做强新型主流媒体”写进了国家“十四五”发展规划，党的二十届三中全会提出“构建适应全媒体生产传播工作机制和评价体系，推进主流媒体系统性变革”的战略部署。这一系列重大决策部署，充分表明习近平总书记和党中央对媒体融合工作的高度重视和亲切关怀。

习近平总书记为媒体融合发展擘画清晰蓝图、谋划实施路径、提供根本遵循。中国交通报社积极顺应时代、拥抱变革，在党的十八大以来的十多年间，紧紧围绕交通运输中心工作，准确把握行业媒体发展定位，锚定全媒体传播体系建设，基本构建起以内容建设为根本、先进技术为支撑、创新管理为保障的融媒体生产传播体系。可以说，经过这个时期的探索和发展，我们从相“加”迈向了相“融”，正不断向引领交通运输行业主流舆论、具有强大影响力和竞争力的新型主流媒体目标迈进。

——在人力物力上，报社持续加大投入、强基固本，为壮大整体实力、谋求长远发展打牢了基础。

2014 年 1 月，中国交通报社在原网络信息中心的基础上，成立新媒体中心，工作人员由 4 人陆续增加到 20 人，工作重心由硬件维护和网络保障，转向融媒体生产传播、舆情监测分析、软硬件运行维护，明确了依托纸媒、融合传播、打造品牌、建设矩阵的发展思路，正式拉开了报社推动媒体融合发展的帷幕。

新媒体中心成立以来，中国交通报社持续加大投入。2014 年底，交通运输新闻信息共享与服务系统、交通新闻信息数字化传播系统同步建成投用；2016年，交通运输视听节目数字化制作与传播系统建成投用；2021年，网络安全集成与服务项目完成验收……我社加大投入力度建网络、添设备、护网安，不间断进行升级维护，为加快构建全媒体传播格局奠定了坚实基础。2015年，“中国交通报社新闻信息产品协同运营平台项目”荣获第七届“王选新闻科学技术奖”一等奖。

——在体制创新上，集全社之力探索构建切合自身发展实际、契合行业媒体特点、适应交通运输需要的融合发展路径和模式，实现了“三级跳”。

第一步，要求各采编部门刀刃向内做好“自转”。采编人员向全媒体化发展，推进策采编发融媒体化，实现“一体策划、一次采集、多种生成、多元发布”。

第二步，要求新媒体中心借船出海做好“公转”。进驻第三方平台，进行差异化推送，逐渐形成了包括报（《中国交通报》+手机数字报）、网（中国交通新闻网）、端（“交通强国”手机客户端）、微（官方微博、微信）及15个“交通发布”系列第三方平台以及各中心新媒体账号的融媒体传播矩阵。

第三步，推进机构改革，成立融媒体中心，将“自转”与“公转”合而为一，实现畅行无碍的“自由流转”。2022年3月，报社成立跨部门运作的融媒体中心，由社领导挂帅，新媒体中心负责同志作召集人，各相关部门派一名副主任作为成员，统筹协调融媒体报道策划、制作、传播等工作，日常工作由新媒体中心负责。同时建立“融合发展推进群”，百余名采编业务骨干共同推进融媒体生产传播。报社还组建起“好生活在路上”工作室、“行话”评论组、“交点”视频组等项目制小组。

当时成立融媒体中心负责推动融合发展，是在不改变采编、经营、管理大框架基础上的创新尝试，起到了相互借鉴、比学赶超、共同提升的良好效果。

——在制度建设上，报社坚持问题导向、目标导向和结果导向，强化顶层设计，筑牢四梁八柱，注重系统集成，护航报社融合发展行稳致远。

建设新型主流媒体，制度建设是重中之重。中国交通报社既要守住纸媒根据地，又要进军网络主战场；既要优化资源配置，也要坚持把社会效益放在首位、兼顾两个效益。这就需要我们在探索建立适合报社机构运转特点的融媒体生产传播机制时，重点解决五方面问题：一是强化促进媒体深度融合的意识动力；二是明确各部门加强融媒体生产传播的责任流程；三是厘清融媒体平台内容生产传播的安全规范；四是制定融媒体生产传播的量化考核机制；五是形成打造优质融媒体内容产品的鲜明导向。

在广泛调研其他媒体融媒体机制建设经验做法的基础上，报社起草并实施了《中国交通报社有限公司融媒体生产传播管理办法》及配套考核细则、安全管理实施细则:《融媒体生产传播管理办法》是推动报社融媒体发展的制度保障，努力探索、建立适应报社实际、促进融媒体有效运行的运营机制，其核心是升级内部采编队伍的内容生产能力，形成“一专多能、团队协作”的内容生产模式;《融媒体生产传播考核细则》是推动报社融媒体发展的核心动力，坚持激励与处罚相结合，细化了不同类型采编部门的基本任务、相关部门的职责、优质产品的评价标准等；《融媒体生产传播安全管理实施细则》是推动报社融媒体发展的安全规范，旨在督促各部门各司其职、严格把关，进一步加强报纸、网站、客户端及微博、微信、抖音、快手等融媒体平台生产传播安全管理工作，确保导向正确、效果可期、风险可控、发稿安全。至此，中国交通报社融媒体生产传播制度体系基本成形。

——在内容供给上，坚持正确的政治方向、舆论导向和价值取向，分类推进融媒体供给侧结构性改革，做移动互联网时代的优质交通运输新闻产品内容提供者。

报社顺应网络传播规律，优化话语体系，生产、推送了一批现象级、标杆级的新闻作品，让交通运输主流价值和先行理

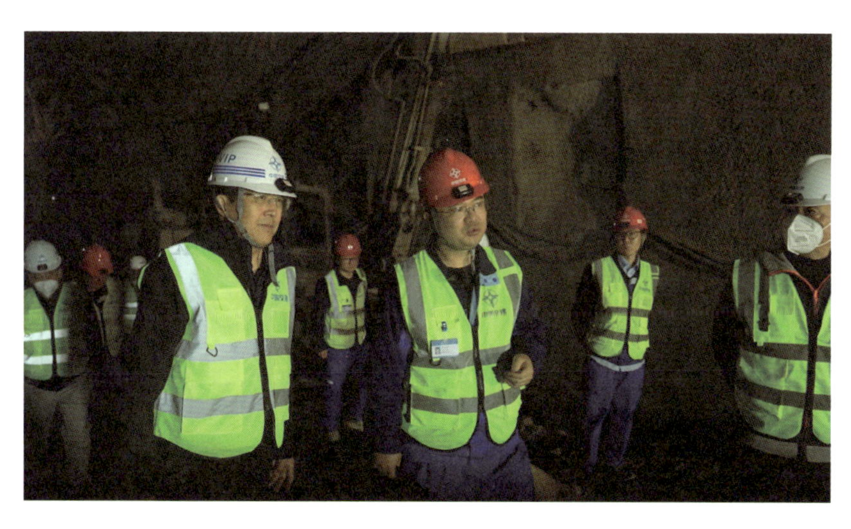

▲ 2023 年 6 月，蔡玉贺（左）带队“好生活在路上”采访团在天山胜利隧道采访

念借助移动互联网传递到更广的范围。“好生活在路上”就是报社打造的交通运输发展成就融媒体宣传的重要品牌。

从 2019 年 7 月开始，报社联合央媒策划开展了“好生活在路上”交通发展成就融媒体宣传活动，先后成功实施“交通扶贫川西十二图鉴”和“在路上看新疆”系列融媒体宣传。经过协同策划、深入采访、精心制作、矩阵式推广，活动在报网两端共发布视频 800 条、文图 450 篇次，视频点击量 1.2 亿次，微博话题阅读量 7.1 亿，覆盖报、网、电视三端共计 10 亿人次。

“好生活在路上”以专业化的视野增强代入感，大众化的呈现吸引用户，现象级的传播收效好，新模式的探索获成效，被国家广播电视总局评为优秀网络视听作品。在打造 IP 的过程中，报社通过邀请专业第三方加盟、推动全媒体多形态传播、实施全网矩阵宣发，探索了专业视频节目形式、外宣结合模式及盈利模式，锻炼了融媒体策划、生产的队伍。这些新的尝试，为报社今后创新呈现方式，打造更多爆款融媒体产品，增强内容供给的含金量、精准性、契合度、传播力，都积累了大量经验。

十年探索，十年精进。随着“好生活在路上”交通发展成就融媒体宣传项目和“中国交通报融媒体生产传播机制创新”项目入选中国报业深度融合发展创新案例，报社全体同仁的一系列努力获得了上级主管部门的肯定。我坚信，通过一代代交通报人的耕耘奋斗，媒体融合发展的路将越走越宽。

交通文化　薪火相传

中国交通报社原总编辑　李咏梅

▲ 2024 年 1 月，与报社最早的报纸——试刊号合影

写下这个题目的时候，恰逢农历七夕，自然想到了“鹊桥”。它是多么恢宏又浪漫的梦想：在人为的天河两岸，牛郎织女“盈盈一水间，脉脉不得语”。是桥，天上的鹊桥，让他们“金风玉露一相逢，便胜却人间无数”。桥是跨越，是双向奔赴，是相互成全。

如今的北盘江大桥、胶州湾大桥、江阴长江大桥、港珠澳大桥……每一座都是功德无量的人间鹊桥。鹊桥的故事说明，中华优秀传统文化，赋予了现代交通底蕴和灵感。

党的二十大报告要求“坚持百花齐放、百家争鸣，坚持创造性转化、创新性发展”“不断提升国家文化软实力和中华文化影响力”。

交通运输行业源远流长、博大精深，有丰富多元的文化基因和历久不衰的文明传承。水陆交通的江河、路桥、车船、驿站，既是经济和贸易的通道，也是文明交流的纽带，更是诗词歌赋的源泉。滚滚长江东逝水，李白放歌“轻舟已过万重山”，杜甫“即从巴峡穿巫峡，便下襄阳向洛阳”，苏东坡慨叹“大江东去，浪淘尽，千古风流人物”。在丝绸之路要道，王维“劝君更尽一杯酒，西出阳关无故人”，他的“大漠孤烟直，长河落日圆”一言胜万语。王昌龄期待“但使龙城飞将在，不教胡马度阴山”。这些饱含交通元素的诗歌，丰富了中国人的精神内涵，是凝聚民族认同的共同记忆，也是建设现代化交通强国的文化资源。

党的二十大报告指出：“中华优秀传统文化源远流长、博大精深，是中华文明的智慧结晶，其中蕴含的天下为公、民为邦本、为政以德、革故鼎新、任人唯贤、天人合一、自强不息、厚德载物、讲信修睦、亲仁善邻等，是中国人民在长期生产生活中积累的宇宙观、天下观、社会观、道德观的重要体现，同科学社会主义价值观主张具有高度契合性。”

植根交通运输行业，做优秀传统文化的传承人，讲好新时代交通故事，繁荣发展交通文化事业和文化产业，是《中国交通报》创刊 40 年来的责任担当和自觉行动。交通报人孜孜不倦，不舍昼夜，用 8333 期报纸为行业书写了新时期新时代的"交通史记"。一项项政策的出台，一个个工程的开工、建设、使用，无数或典型或平凡的交通职工的成长、奉献，各种突发灾难时的抢通保运，救援时刻的赴汤蹈火，春运和节假日的坚守……交通报的报道里包着火，交通文化薪火相传的火。从中很容易感受到这个行业精神气质中蕴含的"天下为公、自强不息、厚德载物、亲仁善邻"等诸多传统美德，其中自强不息与交通精神有着一脉相承的内在呼应。

自强不息作为中国传统文化的精神典范与文化基因，在中华民族发展的历史长河中沉淀下来，形成刚毅不拔的品质气节，使中华民族饱受挫折又不断浴火重生、勇毅前行。它的内涵在新时代得到了进一步丰富和发扬。以"逢山开路、遇水架桥"为标记的交通精神，是自强不息最生动的诠释。

交通报见证报道记录推动行业，近年完成了"奋进新征程　建功新时代""当好中国式现代化的开路先锋""开路先锋　非凡十年"等重大主题宣传。从中可以看到，自强不息是交通行业的根脉，交通人以自强不息为精神源泉，在持续奋斗中赢得中国式现代化开路先锋的历史地位。

推动中华优秀传统文化与当代文化相适应，与现代社会相协调，是交通报人一直在探索和创新的课题。报社关于可持续交通的多方位多角度报道，呼应着传统文化中理性务实、应时因势的发展观；主题策划始终心心念念农村公路，体现了民为邦本、为政以德的传统文化价值取向。报纸四版挂着“交通文化”的招牌，那是交通人文化成果的百花园，“循诗觅径”版块有穿越千年的诗意交响，“路已通　美乍现”在山川和大地上诠释工程美学特征。

报社所植根的交通行业是文化创造的富矿，文化活动、文化景观、文化需求、文化创意缤纷多彩。以交通为题材的文化精品，可以举日前仙逝的魏明伦先生《夔门大桥赋》为例：写建设大桥的必要性和紧迫性——“东西航运多快好，南北交通老大难。纵游长江，轻舟一日千里；横过夔门，轮渡一里半天。”写建设现场——“得民心则人气旺，傍古城则诗意浓。工地背景萧萧落木，桥基面临滚滚长江。”借桥寄情咏怀——“人格应如桥墩，越是崇高越是美；世道应如桥面，好在正直好在平。巍巍大桥，启迪人间哲理；浩浩长江，贯通世界潮流。”博古通今的魏先生，通过为桥树碑立传，将古雅的骈文，赋予时代新意。

值得提及的是，应着行业文化建设的新动态新需求，交通报社在交通文化的宣传形式和载体上连出新意。2019 年，在成都举办第一届交通运输优秀文化品牌推选活动，以品牌建设为舟，扬交通文化之帆。活动获得大交通行业的热烈回响，六年来集结了 2046 个优秀文化品牌。以此为开端，报社又延伸举办了“我是新时代交通人”好故事宣讲比赛、交通文创产品征集、优秀文博馆推选展示、交通文化年会等。这些活动既同出一源又各自精彩，既特色鲜明又相互赋能，恰如“一树一树的花开”，成就了交通文化万紫千红的满园春色。

交通文化根深叶茂，文化因交流而精彩，成果因互鉴而丰富。在交通报社搭建的文化年会平台上，有历届优秀文化品牌的生动演示，有交通好故事的沉浸式表达，有文创产品的奇思妙想，有交通文物的活灵活现，有专家学者的现身说法，更有时代楷模、凡人英雄的现场讲述。文化年会既传承了交通历史文化，又融合了现代交通文明；既积蓄了大交通的厚重底蕴，又具备了各领域鲜明特质。交通人怀着期待参加，总会满载收获而归。

交通文化水陆纵横、海阔天空，交通报人在文化耕耘中获得滋养，收获成长；在薪火传承中发出光亮，燃烧自己，融于时代。

▲ 2019 年 9 月，李咏梅率报社记者团重走青藏路，11 日在格尔木慕生忠将军纪念馆遇见馆藏陈列的本报。和当时的责任编辑廖西平（左）、杨江虹（右）与报纸合影留念

中国交通报
创刊40周年文集
1984 — 2024

见证

到一线去

随时出发

中国交通报社副总编辑、采编中心主任　刘兴增

▲ 刘兴增（前右）在编辑交通运输部前方工作组简报

地震、洪水、泥石流、雨雪冰冻……在大多数突发自然灾害中，交通运输既是灾害的承受者也是救灾的支撑者。选择了记者职业，选择了交通行业，就要准备随时出发！入社 22 年来，我参与了很多涉及交通的突发自然灾害应急报道工作，要说记忆最深的还是 2008 年的那两次。“全国交通行业抗灾保通

先进个人”“交通部直属机关抗震救灾优秀共产党员”两份荣誉证书，也一直珍藏在我的书柜里。

一

2008年1月中旬，正当准备回家过年的喜悦涌上人们心头的时候，历史罕见的低温雨雪冰冻极端灾害天气突然降临我国南方大部分地区。交通运输严重受阻，大量春运旅客滞留途中，其中，贯通我国南北的交通大动脉——京珠高速公路（现已改称京港澳高速公路）湖南段和粤北段形势最为紧急。

1月28日晚，李盛霖部长陪同温家宝总理率国务院应急指挥小组紧急赶赴湖南指导抗灾救灾工作。因长沙机场关闭，他们乘坐的飞机先降落到武汉天河机场，后转乘火车于29日清晨才到达长沙。据裴秘书事后说，在湖南期间李部长每天要打几十个电话调度抗灾保通工作，一些地方手机信号不好，则要四处寻找地势较高的位置才能确保通话清晰。

我是2月2日奉命赶往京珠高速公路粤北段的，除了现场报道抗灾保通情况，还有一个重要任务是送去两部海事卫星电话，以便李部长现场指挥调度。那时航班紧张、高速封路，经报社领导多方协调，几经周折，方才成行。我先从北京飞广州，再乘坐广东海事局派的车辆，沿京珠高速公路北上韶关，历时十几个小时，晚上11点多终于与稍早抵达的李部长一行会合。

设在云岩服务区的抗冰救灾总指挥部灯火通明，工作人员安排我和刚从除冰现场回来的李部长一起在一个小房间里吃晚饭。当看到电视里播报湖南抗冰救灾新闻的时候，李部长突然情绪激动起来，放下筷子用手指指着我质问道："《中国交通报》为什么不好好宣传？给你们社长打电话，明天的报纸一定要做好宣传报道。"

饭后，我跟秘书解释说，这些天我们报纸每天都有抗灾保通工作的报道，明天是周日不出报，下周一的报纸我们一定落实好部长的要求。裴秘书表示认可并安慰我说，他们在湖南的时候整天在路上，住的地方也停水停电，部长哪看得见电视和报纸啊。

由于气温太低，再加上雨雪反复，刚打通的路面很快又重新冻结，除冰保畅难度很大。从深夜到白天，我跟随李部长往返于湘粤两省路段察看灾情，研究疏导方案，慰问交通干部职工和部队官兵。奋战一线的交通人累了就趴在铲车的方向盘上打个盹，饿了就在路边啃个面包、吃个盒饭。南方人没经历过这种恶劣天气，很多人脸被冻伤了，手上裂开了血口。李部长多次叮嘱我，《中国交通报》一定要大力宣传他们的感人事迹。

到2月3日傍晚，京珠高速公路实现畅通。李部长终于露出了久违的笑容，大家激动地向鱼贯而行的车辆挥手致意，都说看到高速公路畅通了比什么都开心。当晚，我们从韶关乘车赶回广州，到达宾馆时已是深夜12点。由于严重缺觉，再加上受寒，我开始发烧，但此时报社编辑部还在等着我发稿。我强忍着振作精神，终于在凌晨3点截稿前发回了现场报道稿件和照片。

在回京的飞机上，裴秘书又跟我讲述了李部长一行在湘粤两省雨雪冰冻灾害最严重公路现场指挥除冰保畅的详细经过，要求我撰写一篇纪实性报道。我利用春节假期精心构思，几易其稿，最终完成了反映京珠高速公路除雪除冰疏堵抢通的稿件——《在冰雪封路的危难时刻》。报道全文 7000 多字，配发多张照片，刊发后反响很好，李部长也给予了表扬和鼓励。

记得文章的最后一段是：等待再次出发之前，李盛霖还特别交代随行的交通部机关工作人员，该是着手总结抗击暴风雪、保障公路畅通的经验和教训，从思想准备、组织准备、机构设置、公路改造等方面思考交通应对极端恶劣天气的长效机制的时候了。2012 年成立的交通运输部路网监测与应急处置中心也许就发轫于此。这是后话。

二

得知四川汶川发生特大地震的时候，我刚结束部直属机关工会安排的抗灾保通先进个人海南疗养。5 月 12 日傍晚飞机一落地北京，我的手机就收到许多短信，其中不少是关于余震的谣言，搞得人心惶惶。

5 月 13 日 9 点左右，我正在部里参加一个会议，报社通知我和同事陈志明一起参加部抗震救灾前方工作组赶赴四川。为了不耽误手头的工作，我立即给正在上班的妻子打电话，让她请假回家帮我收拾行李并尽快送到报社。当时我对灾区的情况一点也不了解，只能发短信安慰她说：“地震已经结束了，没有危险。今年年初雨雪冰冻灾害的时候我去京珠高速公路不也很安全吗。”我还特地叮嘱她不要告诉在福建老家的父母，免得他们担心。

由于成都双流机场实行流量控制，我们一行 8 人下午 1 点半登机后，在飞机上等待了 8 个多小时才起飞，5 月 14 日凌晨 2 点抵达余震不断的成都。只休息了两个多小时，5 月 14 日凌晨 5 点多，我们跟随先期抵达的翁孟勇副部长冒雨赶往都江堰灾区。

在紫坪铺水库大坝上，我看到许多从地震重灾区翻山越岭逃出来的人们。他们衣衫褴褛，惊魂未定，神情恍惚。这些劫后余生的人，有的拄着拐杖，有的互相搀扶，有的抬着遇难亲

▲ 工作期间合影

人的遗体。我把车上的矿泉水和饼干分给他们，有些体力稍微好点地告诉我，他们是从漩口镇甚至更远的映秀镇徒步 7 个多小时“爬”出来的，里面的乡镇村庄已经没有食品和药品，再待下去也活不了了。没有了公路，救灾物资和人员运不进去，受伤群众也不能及时转移出来，抢通公路就是抢救生命。

在随后的几天几夜里，我与部前方工作组的同志一直坚守在抢通一线，用相机和笔记录下交通干部职工冒险踏勘塌方点、周密研究抢通方案、夜以继日奋力施工的一个个惊心动魄的瞬间和感人肺腑的故事。在乘坐冲锋舟前往漩口时，有些地方山体滑坡已经把水库挤压成很窄的 S 形，冲锋舟只能缓慢通过，大家要不时抬头观察是否有山石滚落下来。在漩口水域登岸时，陡峭的荒坡足有 200 米高，我们往上攀爬到达受损的寿江大桥桥头后不久，荒坡又发生了大滑坡。

记得 5 月 17 日下午 3 点多，213 国道都江堰至映秀段最后一个塌方点的一块足有几百吨重的巨石难住了抢通队伍。部总工周海涛等专家一起前去察看研究爆破方案。就在我接近那块巨石准备拍摄察看现场照片的时候，山坡上又一块石头滚落下来，砸在挖掘机的抓斗上，咣咣直响。周总大声冲着我喊：“小刘，别过去了，很危险。”等拍了照片退回来，我的双腿还一直在抖。

5 月 19 日，部前方工作组实行轮换，我与先期前往的同志回京。在飞机上，想起在灾区 6 天 6 夜的所见所闻，想到仍然坚守在救灾一线的广大交通干部职工，我的鼻子一阵发酸，眼圈湿润。我赶紧扭头朝向窗外，不想让别人看到我的脆弱，但心情却一路未能平静。

▲ 都江堰至汶川公路被掩埋的路段

还有一个小插曲：我们从北京前往成都的机票款是蒋秘书垫付的，票据装在我的相机包里。装有票据的相机包在灾区不慎遗失，回京报销时我为此写了情况说明。正是这份情况说明，详细记录了部前方工作组成员名字，除了我和陈志明，还有周海涛、徐亚华、蒋琢、杨国锋、韩英杰、徐博（新华社记者）。向战友们致敬！

忆“东方之星”轮翻沉现场的四个昼夜

中国交通报社舆情中心主任 孙英利

▲ 孙英利在“东方之星”轮翻沉现场

2015 年 6 月 2 日清晨 6 点，急促的手机铃声把熟睡的我唤醒。看清屏幕上的名字，我瞬间从床上弹了起来，我知道如果不是出了大事，刘兴增主任绝不会在这个时间打来电话。

“昨晚长江上沉了一艘船，是客轮。”听筒里的声音让我头皮一下就麻了，毕业于海事院校的我很清楚这意味着什么。

此后的四天四夜，我在极度的紧张和悲痛中度过。九年多过去了，这场造成442人遇难的灾难，始终是我心中挥之不去的痛。

现场只有气泵的隆隆声

接到立即出发的指令，我与摄像记者张大为、摄影记者李宁组成首批报道小组，搭乘最近一趟航班飞赴武汉，再由湖北记者站同事接应，驱车3小时赶往荆州市下辖的监利县（现为监利市）。客轮就沉没在那里。

路上，通过多方打探，我初步了解了事件概况。

6月1日晚9点半左右，重庆东方轮船公司所属的“东方之星”轮在由南京驶往重庆途中，突然翻沉在湖北监利长江大马洲江段。“船上有450多人，大部分是参加旅行团的老年人。”记者站同事的语调很低沉，“逃出来的船员说是遇到了恶劣天气，一两分钟船就沉了。”

一两分钟？！

当时网民都在猜测原因。大学时积累的专业知识告诉我，这么短时间内发生的船舶翻沉，大概率是由于外界因素。事后的调查结果也印证了我的分析。

抵达监利县城已近下午5点。天空阴郁，小雨绵绵，街道上车很少。参加完第一场新闻发布会，我遭遇的第一个挑战来了：怎么去现场？

与我曾参与过的突发事件报道都不同，这次的核心现场在长江上。以前我为了到达现场蹭过车、徒过步，但现在我去哪里找船？公务船都在参与搜救，民用船不可能突破管制……脑海里闪过很多方案，又被一一否定。

这时，《中国交通报》的行业影响力和遍布全系统的联络网发挥了重要作用。在打了很多通电话后，我终于获得一条重要信息：一艘船刚刚完成补给，即将返回现场。

20 多分钟的航行，度秒如年。漆黑江面上的点点亮光逐渐放大，隆隆的气泵声钻进耳朵。作为驻交通运输部记者，我获准过驳到最靠近沉船的现场指挥船上，之后看到的场景我这辈子都不会忘记。

在距离我二三十米远的江面上，“东方之星”轮露出一米多高的铁灰色船底，一圈救援船舶将其围在中心，所有探照灯都聚焦在那里，无数根通气管在隆隆泵声中不断向船内注入压缩空气。一批刚刚被替换下来的救援人员，虽然疲惫不堪，仍然久久伫立船头，凝望着“东方之星”轮，祈祷奇迹发生。

没有想象中的嘈杂，除了船舶发动机和气泵发出的声响，现场很安静，出奇的安静。

这下面有四百多人啊！我心里的一个声音在嘶吼。

他举起的胳膊再也没有放下来

深深地吸气、呼气，我们三人迅速调整心态投入工作。我参加了6月2日晚11点50分开始的现场搜救会议，也是会上唯一一名记者。

狭小的空间内，时任交通运输部部长杨传堂、副部长何建中等围在"东方之星"轮图纸周围，讨论着下一步人员搜救及船舶打捞方案。一个个设想被提了出来，需要多少时间、技术难度有多大、存在什么风险……不知不觉会议就持续到了3日凌晨两点，突然外面传来喊声："在那里，快拉上来!"

以为是救出了幸存者，领导们赶到甲板，却看到救援人员正在收殓一具遇难者遗体。一只上举的胳膊从尸袋里伸出来，这是他生前最后的姿势。

此时距离最后一名获救人员上岸已经过去11个小时。大家目送着担架远去，扭头返回船舱，继续讨论。

在与编辑部沟通了现场情况并发回一组特写后，当天的工作告一段落。此时甲板上躺满了救援人员，整艘船没有一处可以坐下的地方。最后我们去到轮机舱才得以挨到天亮。

由于此次事件的特殊性，我无法像在陆地上一样自由活动，也因为担心影响救援而避免采访潜水员等救援人员，加上重要新闻信息由官方统一发布，那么如何发挥"我在现场"的作用呢?

6月3日天亮后，我立即将现场情况和个人想法与部政研室、前方指挥部及编辑部沟通，确定了在现场的主要工作思路。一是参加每日的新闻发布会，及时了解最新官方信息，并协助部政研室开展相关工作；二是在现场以观察为主，通过文字、图片、视频将救援情况更立体、丰富地告知报纸及新媒体受众；三是结合现场情况和网民关注，及时采写释疑类报道，降低信息误读、谣言滋生造成负面舆情的风险。

3日和4日，我一直在沉船现场和新闻发布会现场之间往返，我们三人在酒店争取到的一个房间也只是用来给设备充电，那张床谁都没躺过。这期间，有两件事让我印象深刻：

一是退房。3日下午，我们被告知所入住的酒店被征用，用来接待遇难或失踪人员家属。正好我要返回县城参加新闻发布会，于是赶过去收拾行李。透过敞开的房门，我看到家属们大都坐着发呆，每个房间都有人，除了隐约的抽泣声，房间安静的出奇。

二是外媒。由于2014年在韩国发生的“世越号”沉船事故在全球产生了极大影响，各国媒体高度关注“东方之星”轮的救援进展及是否能成功打捞。本次救援现场充分对外媒开放，这种公开透明的做法取得了非常好的效果。

船舶出水的那一刻，我们都哭了

6月4日下午，国务院副总理马凯召开会议，听取各方情况汇报，决定当晚实施沉船整体扶正起浮作业。

江面下起了小雨，距离“东方之星”轮几百米，我在甲板上坐了一夜。往下游望去，工作船只的灯光星星点点，那里架设着几道用来阻拦随江水漂浮的遇难者遗体的拦截网，以及吸收沉船溢油的吸油毡。

一直到5日的太阳升起，“东方之星”轮仍然翻扣在江里，没什么变化。早晨6点，我给部新闻中心彭燕主任打去电话："昨天晚上所有新闻都报道了要起浮沉船，如果人们醒来发现没有动静，一定会有质疑，还可能出现谣言，有必要告诉大家这一夜发生了什么！"

这个提议很快被采纳，我迅速采访了前方指挥人员和专家，了解到夜间作业遇到了很多技术难题和突发状况，而且一旦发现遇难者，施工都会马上停止，妥善转移遗体后再恢复。这些情况被我整理成一篇新闻通稿，赶在信息传播早高峰到来前，通过部新闻中心发送给各媒体。

清晨，江上雾气渐浓，我所在的船准备返回码头加注燃料。借着这个机会，我问清要停靠的码头，立刻通知张大为和李宁赶过来。终于，中国交通报首批报道小组重返现场，见证"东方之星"轮浮出水面。

5日上午9点多，沉船整体扶正。工作人员架设了新的钢缆，增加了起吊设备，沉船被慢慢抬升。随着吊臂、钢缆的拉升，江水开始从船舱中溢出，船体也缓缓上浮。整个过程中，我们不停将进展及照片发回报社，通过微博及时发布。

晚上7点左右，船体整体浮出了水面，"东方之星"四字清晰地出现在面前。我们三人不约而同停下手头的工作，望着这艘船。过了一会儿，我们又都走到背对沉船一侧的甲板，低着头不说话。我听到他俩哭了，我也哭了。

随着扶正起浮作业的完成，一些船艇撤离了现场。我以为我们这艘船也要返航，谁知却开向了"东方之星"轮，一盏探照灯同时照了过去。船长说，要留在那里负责照明。

探照灯下，船检专家立即检查船体结构，部队官兵进入船舱搜寻。不久，一具具遇难者遗体被抬了出来，直至凌晨……

虽然受到了极大的震撼和冲击，但四天只睡了六七个小时的我一回到县城就昏睡过去。醒来后，编辑部告知我，刘兴增等记者即将抵达监利，将接替我们完成后续工作。

▲ 整体浮出水面

这是一次改变生死观的特殊经历，是对我专业素养、应变能力、身体和心理素质的极大考验和历练。希望世上不再有这样的突发事件发生，愿每一艘航船都能平安抵达彼岸。

关于报道港珠澳大桥的那些事

中国交通报社原交通声像中心主任 廖西平

▲ 林鸣（右）为廖西平颁发岛隧工程建设纪念奖章

在中国交通报社工作的近三十个春秋里，经历了很多次难忘的新闻事件。在我外派广东记者站工作期间就赶上了粤北高速公路三年会战、南沙大桥建成通车等一系列重大工程报道。而其中意义最为重大、最为难忘的当属被称为“世界新七大奇迹”之一的超级工程——港珠澳大桥的宣传报道。

2016年夏天，我被派往本报驻广东记者站担任站长，此时正值港珠澳大桥海底隧道建设进入关键点——最终接头的安装。因为来广州之前就听中交集团的领导说这是大桥建设最为关键的控制性工程，所以放下行李我就给中交港珠澳大桥岛隧项目总经理部党群部部长陈向阳打电话，询问工程进展情况。他说你快来吧，马上就要进行隧道沉管最终接头的安装。我赶紧驾车直奔珠海唐家中交岛隧项目部，第二天清早就与中交将士们一起登上了驶往东人工岛的交通艇。

经过一个小时的航行，我与几十位工程技术人员一同登上了东人工岛，在这群人当中有一位领军人物引起了我的注意。他身材高挑，气度不凡，一路上他对当天的工作了如指掌，安排得细致入微，井井有条。上岛后我就死跟着他，他去哪我到哪。我知道要弄清楚沉管对接的难点、疑点和重点，跟着他就对了，因为他是港珠澳大桥岛隧工程总工程师、中交岛隧工程项目部总经理林鸣。

这一天，林鸣也注意到了我。因为当天与他们一起上岛的只有我一名记者。他对我说，《中国交通报》是咱们自己的媒体，想看什么你就看什么吧。

那些日子，林总脸上的笑容不多。最终接头能否顺利对接成功，关系到港珠澳大桥的安全可靠性，关系到中国在海底隧道施工领域能否获得突破并在国际上居于领先优势，它是大桥能否实现120年全寿命周期的关键所在，可以说是国内外工程技术界普遍关注的焦点。为此，林鸣团队上下一心，刻苦钻研，制定了多套实施方案和补救措施，确保施工万无一失。最终，在全国人民的共同注视下，在国内众多媒体的聚光灯下，港珠澳大桥海底隧道顺利合龙，我和其他媒体的记者也在施工现场见证了这一历史时刻。由于海底隧道沉管最终接头的报道及时有力，林总开始对《中国交通报》“偏心”了。他说，我想在交通报上发一组系列报道，谈谈港珠澳大桥岛隧工程的意义、岛隧工程的科技创新及其国际影响力。按照他的命题，我很快完成了三篇文章，并先后在本报一版重要位置刊发，受到了国内工程界的关注。林鸣看后非常高兴，他让我没事就多过来“坐坐”，要我宣传好报道好岛隧工程。

打那之后，我周末经常不请自到，在中交港珠澳大桥岛隧项目部营地“度假”，与工程技术人员同吃同住同劳动，三年里我采访了中交岛隧项目总部及各个工区、协作队伍的一百多位工程师，并与许多人结下了深厚的友谊。我也由此弄清楚了什么是钢圆筒快速筑岛施工，什么是沉管预制、沉管浮运，什么是沉管基床施工，什么是海底清淤，什么是沉管对接……其中很多知识是林鸣这位海底隧道工程专家言传身教传授给我的，他说“别

▲ 林鸣为报纸文章题写意见

的媒体我不好说那么多，行业媒体可以多报道一些，岛隧工程首先要让交通行业内的读者了解和认识。”自 2016 年底至 2018 年港珠澳大桥通车，在人工岛岛上建筑施工、沉管隧道路面铺装、岛隧工程车载试验等多个节点，本报都予以了及时、准确、翔实的报道，并因此获得了广东省委宣传部颁发的“珠江杯好新闻一等奖”。

记得在 2018 年那场罕见台风侵袭珠海的当天，狂风肆虐，唐家营地内的大部分人已撤离沿海，一楼大门也用沙袋封堵得严严实实。林鸣和我端坐在他的办公室里，促膝长谈。他像一位长者畅想着隧道施工技术的新发展，又似一位勇士期待着下一场战役的来临……

转眼之间大桥建成，我的任期也结束了。知道我要回京，林鸣有点不高兴，说：“你看看，我还没有走呢，你就走了。我们都应该从头开始，再出发！”

走之前，林鸣专门把我请来中交营地，为我颁发了“港珠澳大桥岛隧工程建设纪念奖章”，以表彰我为岛隧建设所做的点滴工作。我受宠若惊，也知道他是认真的，他记得为岛隧工程作出贡献的每一个人。后来我把在岛隧工程项目中采访到的 108 个人物及集体的素材编辑整理成一本 50 余万字的报告文学《逐梦人——港珠澳大桥岛隧工程建设者亲历录》，由中国工人出版社出版发行。书中记载了百余名建设者的所感所悟，却唯独没有对领军者林鸣的报道。林鸣在该书的后记中写道：“在这本书即将出版的时刻，心中感触良多，如果没有《中国交通报》，就不会有《逐梦人》这本书。港珠澳大桥岛隧工程建设 7 年，《中国交通报》一直在支持着我们，通过报道的方式给予了我们最大的理解和信心……为了岛隧工程，万余名建设者抛家舍业来到碧波荡漾的大海上艰苦奋斗，他们用自己的青春年华为祖国的交通发展筑起了一座雄伟的丰碑。”写这段话时，他已经整整为港珠澳大桥建设工作了 15 年。

回到北京，报社安排我担任声像中心主任。港珠澳大桥建设的一幕一幕始终难以忘怀，那些活生生的人与事历历在目。于是我策划拍摄了两集纪录片《伶仃洋上的大国工匠》。

▲ 港珠澳大桥青州航道桥“中国结”斜拉索塔

林鸣说，不要总是拍我，把我的副手好好宣传一下，他们是真正的功臣。于是，中交港珠澳大桥岛隧项目部副总经理尹海卿走入行业媒体视野，成了以林鸣为代表的中交建设者的一个缩影。

多年之后与林鸣再度重逢，当我问起他在自己的职业生涯中哪个工程最让他难以忘怀时，他沉思良久，表情严肃地说，还是港珠澳大桥海底沉管最终对接那一刻最让他牵肠挂肚，步步惊心。“岛隧工程令我如履薄冰，战战兢兢，终生难忘！”这就是一位中国工程院院士、“感动交通十大年度人物”的使命感和责任心。

我和“一带一路”的故事

中国交通报社水运中心主任　卢　锐

▲ 卢锐

人生与报社似乎有着不解之缘。我出生于 1984 年，恰逢中国交通报社创刊，又恰巧在而立之年进入报社。今年是报社正式创刊 40 周年，也是我入职第 10 个年头。同报社的结缘，也让我有幸见证着“一带一路”的故事。

从 21 世纪海上丝绸之路上建设现代化导航灯塔，到丝绸之路经济带探索新的国际货运线路，再到空中丝绸之路新开广州至维也纳航线……10 年间，我现场参加了许多重大活动的采访报道，跨过平原，越过山丘，投身过风浪，也感受过直上云霄，见证了行业的每一秒风云与激荡，守望着行业的每一份梦想和荣光。到中亚国家的现场采访，在异国他乡的思想洗礼，都让我感到这份职业所承载的波澜壮阔，也让我能够用更高更远更广的视角去看待行业、感悟人生。

“南海第一哨”上的灯塔

2015 年 5 月 26 日，我站在南沙群岛华阳礁上。华阳礁，离三亚 1100 多公里，地处中国南沙驻守岛礁最南端，周围风高浪急、海空情况十分复杂，被称为“南海第一哨”，也是 21 世纪海上丝绸之路的交通要冲。

交通运输部在这里举行华阳、赤瓜两座大型现代化灯塔开工仪式。这两座灯塔的建设，将为航经该海域的船舶提供高效导航助航服务，也标志着现代化助导航服务正式覆盖南海，大大提高船舶航行安全水平。这是负责任行业的积极作为，也是负责任大国履行相关国际责任和义务的重要举措。现场剪彩、奠基的每一个瞬间都弥足珍贵、稍纵即逝，而作为现场唯一一名记者，我深感责任重大，心中暗下决心，我一定要圆满完成任务！

开工仪式上午 10 点开始，我早上 4 点就和工作人员开始登礁，为此要在礁上暴晒 6 个多小时。出发前，我认真检查了镜头、电池、快门、录音笔，确保背包的拉链已经拉紧，提醒自己过驳时一定要保护好相机，千万不能让相机掉到海里。

当天，礁上气温超过 40 摄氏度，皮肤被晒得火辣辣地疼，整个人感觉头晕目眩。灯塔建设者们个个都是皮肤黝黑，黑中发红。采访中碰到一位“90 后”小周，他已经来这里半年多了，每天早上 5 点半起床，晚上 11 点半才休息，就是为了尽快把灯塔建好。看着他们忙碌的身影，我身体的不适感也慢慢消退。

现场最引人注意的是一根简易的旗杆，它被立在一个红色的“箱子”里面。所谓的“箱子”，里面填充的是岛礁施工用的水泥块，外面特意用红纸包了起来。即便是如此简易的设置，也显得十分庄重。

▲ 携中国交通报首登中国南沙华阳礁

当国旗伴着国歌缓缓升起，飘扬在祖国最南端岛礁上的时候，现场所有人都激动不已。那一刻，我真切地感受到了祖国的强大，脑海中不禁升腾起《歌唱祖国》的旋律："五星红旗迎风飘扬，胜利歌声多么嘹亮……"

当大家围在一起培土奠基的时候，我按下了快门。新华社播发了我拍摄的3张现场图片，将两座灯塔开工的消息迅速传播出去，各大媒体纷纷转载，全世界都看到了中国交通人造福一方海域、普惠国际社会的实际行动。

当年10月9日，华阳、赤瓜两座灯塔正式投入使用。那一束束射程22海里的亮光，不仅为航经这片海域的船舶指引着方向，也向世界各国的海员传递着中国人民的友好问候。如今，我国已在南海建成投用5座现代化多功能灯塔。

▲ 卢锐

与之相映衬，我国航海保障事业发展迅速，沿海航标也从2013年的1.22万座增长至2023年的2.06万座，增长68.8%，并实现航标遥测遥控全部北斗化。截至目前，我国已建成全球规模最大的航海保障体系。21世纪海上丝绸之路上的重要航区更加安全可靠。

跟随“钢铁驼队”踏访四国

2017年10月28日，我来到了乌兹别克斯坦的首都塔什干，作为唯一一名随团记者报道中国、吉尔吉斯斯坦、乌兹别克斯坦国际道路运输试运行活动。这次活动的举行，意味着三国货车可以直接入境对方国家，这在历史上还是首次。

走在塔什干的街道上，发现最宽的马路也只有双向四车道，路旁的排水沟大多数是敞开的，路面上几乎找不到窨井盖。“雪佛兰”算得上是这个首都的豪车了。同行的翻译说，外国人在这里赚了钱是不能带走的，只能继续在这里消费或者投资。我想，这个中亚国家真的需要新的经济增长动力。

中吉乌国际道路运输试运行活动两天后从塔什干发车。车队由中吉乌三国的9辆货车和50多人组成，可谓阵容庞大。其中，有一个人很特别。他是乌兹别克斯坦道路和水运署副署长沙瓦哈波夫，已经67岁，原本可以直接坐飞机到新疆喀什参加接车仪式。但是，他却选择与试运行车队同行。

试运行活动充满“探险”味道，全程共950公里，开车大约需要行驶30个小时，一路上还要翻越4座雪山，其中包括海拔近 4000 米的帕米尔雪山，之前还没有货车完整地走过这条线路。这对于老人而言更是一个巨大的挑战。

出发时，沙瓦哈波夫说："不知道身体能否吃得消，不过中吉乌公路很重要，决定亲自走一趟，看看沿途路况、通关等情况。如果身体状况允许，还要随车队返回。"这位老人的选择，让我感受到这条国际货运通道所承载的希望。

"历史是勇敢者创造的"。2000 多年前，古代丝绸之路的繁荣不就是人们不畏艰难困苦，一步一步走出来的吗？如今，沿线人民依然对这条通道充满信心和期盼，习近平总书记提出的共建"一带一路"倡议已经深得人心、落地生根。

车队在行进的过程中，两旁都是荒凉的景象，像新疆的戈壁滩，山上几乎是光秃秃的，即使有些低矮的植被，看上去也有些"营养不良"。只有在溪流、河流两旁，才能看到些许茂盛的灌木丛和树木，翻译也说不出名字。除了放牧和开矿，难以想象附近人们如何维持生计。

这次试运行活动的成功或许将给他们打开另一扇窗户，沿途的人民也对此抱有很高期望，车队每到一处都受到当地政府和民众热烈欢迎。一路上，车队成员坦诚交流、共谋发展，共同畅想美好前景。

乌兹别克斯坦运输股份公司董事长沙罗波夫过去经常跑俄罗斯，主要从事水果出口。公司参加这次试运行活动下了"血本"，派出了 3 辆卡车和 8 名驾驶员，其中两辆还是特别购置的全新卡车。他想把更多的乌国水果出口到中国。

吉尔吉斯斯坦国际道路运输从业者托列巴依·别斯巴耶

夫也告诉我："我们不会吃亏，这对我们来说增加了就业机会，而且我们驾驶员具有冬季跑山路运输的技能优势。相信以后的日子一天比一天更好。"

这次试运行活动非常成功，成为落实三国元首共识、推动过境运输合作的具体行动，也成为三国发展战略在交通运输领域对接的有益尝试。

▲ 中吉乌试运行

时隔6年，我再一次切身感受到高质量共建"一带一路"的时代价值。2023年9月22日至29日，在共建"一带一路"倡议提出十周年之际，中国、蒙古国、俄罗斯沿亚洲公路网4号线国际道路运输试运行活动成功举行。

我有幸再次成为中方代表团成员，随三国派出的9辆货车组成的试运行车队，共同见证着这条国际货运线路试运行。此次试运行活动历时6天，线路全长约2253公里。车队从位于新疆维吾尔自治区阿勒泰地区清河县的塔克什肯公路口岸出境，途经蒙方布尔干口岸、科布多省、查干诺尔口岸，进入俄方塔尚塔口岸、巴尔瑙尔市，最后抵达俄罗斯第三大城市新西伯利亚。

我这次承担着全程宣传报道任务和中外媒体沟通协调工作。在大家的共同帮助下，我克服时间紧、协调外方材料任务重、语言沟通不畅等方面的困难，在完成本报融媒体报道的同时，高效完成活动整体对外宣传工作。一路上，拍摄了许多珍贵的图片和视频素材，为各大媒体提供了充足的"弹药"，促进了三国国际道路运输合作成果的广泛宣传。据不完全统计，我国主要媒体共报道转载260

▲ 在蒙古国境内采访外方货车司机

余篇次，蒙俄两国的国家和地方媒体也对试运行活动进行了采访报道，取得了良好的社会影响。

在沿途群众载歌载舞欢迎试运行车队的热闹氛围中，我又一次切身感受到了交通运输所承载的梦想和期待。交通基础设施的互联互通，让丝绸之路经济带沿线国家人民的生活变得越来越美好。

这样印象深刻、意义非凡的采访活动，还有很多很多……创刊 40 年来，我们交通报人一直与行业同呼吸、与时代共进步，伴随着行业波澜壮阔的改革发展历程一路成长。我们始终坚持站稳专业的视角，发出权威的声音，引领纷繁的舆论，服务每一位读者，传播交通政策，记录交通历史、推动交通发展，守望交通梦想。

十年，那些坚持的和不能忘却的

中国交通报社公路中心（铁路中心）副主任　马珊珊

▲ 2018 年 6 月，在陕西省宝鸡市采访路衍经济发展成效

岁月飞逝，时序更迭，总有一份“精彩”让我们于时间的坐标系中回忆过往，憧憬未来。

回望“四好农村路”十年发展，这份精彩是承诺，随着农村路网的完善，兑现于父老乡亲的笑颜中；这份精彩是守候，车路双通的实现，陪伴每一次“抬脚上客车”的出行；这份精彩是推动，示范工程的开展，让高质量发展的理念深入人心……

作为行业记者，我有幸成为这些精彩的见证者、记录者，而十年来采访过的成就“精彩”的那些人、那些事，更让我对交通运输行业和记者这份职业，有了更深沉的了解和热爱。

啃下硬骨头

2003 年至 2013 年，我国经历了十年农村公路大规模集中建设期，农村公路总里程达到 377 万公里，路网结构进一步优化。但随着新农村建设的加快和脱贫攻坚战的打响，对农村公路通达深度、覆盖广度、管养质量、运输效率等提出更高要求。特别是随着农村公路建设向集中连片特困地区转移，很多工程项目都是难啃的硬骨头。

2014 年 3 月，习近平总书记首次作出“四好农村路”重要指示批示。这是根本遵循，也是指路明灯。在交通运输部指导下，报社适时启动“小康路 · 交通情”交通扶贫重大主题采访、集中连片特困地区交通扶贫主题采访等系列活动，我也有了更多机会深入农村公路一线采访报道。

初见石柳英，是在 2015 年。那时他任湖南省通道县交通运输局党组副书记，负责溪口镇、菁芜洲镇等地的农村公路建设项目协调管理。通道县是武陵山区扶贫县之一，那年夏天，记者听他讲述跟技术人员到偏远山村考察通村公路项目时，老百姓翻山越岭给他们带路的故事。

“听说我们来得早，没吃饭，一位老大娘把自家的鸡蛋都煮了送过来。”热乎乎的鸡蛋暖着石柳英的手，也烫着他的心。“再难，也要把路修通。有了路，乡亲们才有希望。”

再难也要把路修通，有了路就有希望！

类似的话语，记者在后续数年的采访中多次听到过，在湖南湘西州、四川阿坝州、贵州长顺县、陕西淳化县……交通人把“四好农村路”建设作为改善民生、服务“三农”的有力抓手，披荆斩棘，从未松懈。因为他们知道，“要致富、先修路”的期盼有多深，“中国式现代化的开路先锋”的责任有多重。

加大农村公路建设力度、严把质量安全关口、完善管理养护体制、开通城乡一体公交……行之有效的措施使各地农村公路的通达深度、覆盖广度进一步提高，路网结构不断优化，制约农村地区发展的交通瓶颈逐步消除，农民群众的幸福大道越走越宽阔。

这些年，我们的报道也聚焦民生、关注热点，及时准确传递中央及行业声音，传播地方政府、交通运输部门和农民群众总结出来的农村公路建管养运好经验。字里行间，洋溢着交通人改善农村交通条件的决心，诉说着农民群众自力更生、艰苦奋斗的感人故事。

注入新活力

前段时间，撰写“四好农村路”十年发展综述期间，我通过电话采访了阿布洛哈村党支部书记、村委会主任吉列子日。

▲ 2015 年 11 月，采访湖南省湘西土家族苗族自治州农村公路建设助力交通扶贫

▲ 2018 年 6 月，结束四川省昭觉县解放沟镇火普村的采访，即将驱车返程时，村里的孩子笑着挥手向我们告别。纯真的笑脸感动了同行的众多记者

▲ 2018 年 6 月，在四川省凉山彝族自治州昭觉县采访“四好农村路”建设

▲ 2020 年 9 月，在甘肃省宁县焦村镇采访农村公路助力苹果产业发展

▲ 2020 年 10 月，在贵州省长顺县采访农村公路带动交旅融合

◀ 2020 年 10 月，记者在贵州省长顺县采访时，偶遇鼓扬镇岩上村第一书记韦健在交通运输综合服务中心现场视频带货。路通业兴，“黔货出山”不再难

听他讲述如今村里的好光景和二期建设的计划。脐橙、蟠桃、蜂蜜、庭院里的花朵……“车路双通”后的阿布洛哈，是甜蜜的味道。

这位90后全国人大代表，还清楚记得今年全国两会期间本报特派记者对他的专访。“感谢交通报的多次报道，让更多交通系统的专业人士更了解阿布洛哈的发展规划和需求。”

作为我国覆盖范围最广、服务人口最多、提供服务最普遍、公益性最强的交通基础设施，农村公路已然成为农村产业兴旺、生态宜居、乡风文明、治理有效、生活富裕的重要基础设施。十年来，“四好农村路”建设为万千村庄的发展带来勃勃生机，也为交通新闻宣传注入无尽活力。

近几年，报社越来越多的年轻记者参与到农村公路宣传报道中，我和同事们走遍华夏大地，见证了公路交通的深刻变革，定格住脱贫攻坚、乡村振兴一个个难以忘却的瞬间，并用一篇篇鲜活的报道诠释国家政策、百姓民生，成为行业发展客观公正的存证。

十年来，无数因路而兴的故事厚积于报纸，新闻纸或许已经泛黄，但我们对记者这份职业始终爱得深沉。星辰起落间，这份爱也化作责任和坚守，支撑起《中国交通报》关于“四好农村路”报道的新闻品质。

向烈日和风雨中去

中国交通报社采编中心二级资深编辑 / 记者　王晓萌

▲ 2023 年 8 月，作者（左二）站进铲车的翻斗内，进入被淹没的河北涿州码头镇

选择去哪里，意味着要做什么样的记者。

2021 年、2023 年，两次发生在北方的洪涝灾害，报社都派员前往灾区，每一次我都在场。不是因为什么高尚的缘故，只是总有一股成分不清的冲动，或是情怀，或是好奇，让我按捺不住举起手。但我又是懒于记录的人，如果不是接到任务，

恐怕都没有机会留下这当时就该落笔的记者手记。

如今坐在清凉中，试着重新去搜检关于灾区的记忆，其实都无关危险，净是各种面孔和故事的一幕幕。

2021 · 河南

“我想去……”

2021 年 7 月 26 日那个下午，我小声吸引到林芬副主任正思量人选的目光，如愿成为次日赴河南的人选。交接了当天正在清样的版面，匆匆回家准备行李。同行的还有另一位同事王俊峰。

▲ 作者（左二）在浚县县城采访

▲ 浚县善堂镇村民正在装填沙袋应对即将到来的洪水，守住全县最后一个未被洪水侵袭的乡镇——2021 年，河南

▲ 一条国道被堤坝截开，一边是岌岌可危的浚县城区，一边是目测深度超过 2 米的洪水——2021 年，河南

乘飞机到达郑州后，河南省交通运输厅拨派了一辆车，载我们完成后面的行程。此后的几天，我们先后赴新密、新乡、鹤壁、浚县（最后一天，王俊峰前往安阳，我先行回京），这也是当时河南境内受灾最严重的几个地区。

要了解灾区公路的受灾和修复情况，我们就一定会去到情况最惨烈的地方，这在动身之前已有心理准备。但种种情形，非亲眼所见、亲身经历不可想象。

洪灾之后，往往紧跟着高温，阳光毒辣，常常能从路边看到衣衫破烂、腿脚糊泥的人。他们有正待转移的灾民，有政府部门一线救援人员，还有志愿者、修路工。皮肤在暴晒下黑红、生疼，没有人再在意穿着，眼下的事足够忙了……

▲ 与同事在途经的公路养护站蹭到了一顿难得的好饭——2021年，河南

每次途经乡村路段，闷热的空气裹挟着刺鼻的酸腐味钻进鼻腔，是一种口罩完全屏蔽不了的气味。不难想象，被淹没在水下的村庄，有多少葬身于此的家禽牲畜。

也因为灾后物资短缺，肉菜蛋很少，即便有食材，也没有足够的电力和时间。所以，对灾区的大部分人而言，方便面和瓶装水是最合适果腹的。作为“北京来的记者”，我们可以在公路养护站食堂蹭到一顿白菜豆腐猪肉捞面条，对比之下，实在是幸福。

在鹤壁市浚县，几名货车司机自愿把养家糊口的卡车投进水里，堵住了决口。几天后，当我爬上浚县县城一道筑在国道上的堤坝，恰好遇见了其中一位司机，他正在这里做志愿者，运输筑坝所需的渣土。那天，我跟上他，在他暂时借来拉土的卡车上聊了一程。他粗声大气地跟我回溯着连日来的种种，直到我问起“家里怎么样”，他的眼泪瞬间涌了出来，半晌没再说一句话。

这种“若无其事”中突然爆发的眼泪，在灾区采访时经常遇到，2 年后我采访河北涿州灾情时，也常是一样的情状。人们总要生活，笑对苦难让人类得以走过时光的长河。我试图不去触碰那些被刻意遮掩的伤口，但也在一次次亲身经历中明白，如何把握职业使命与道德良知之间的平衡，对记者着实是种考验。

可惜的是，因为后来当地的某些情况，这篇稿子写完后没能发出，但以内参的形式送交至交通运输部。在这里记述下来，作为对当年一系列报道的补缺，算是终于圆满。至于那些转运灾民、公路养护人与死神较量、老交通运输局局长劳累失声等故事，得以在当时的报道里记录留存。

2023 · 涿州

2023 年的洪水淹到了北京“家门口”。

这一次，我们出动更快，打车直奔河北。

不幸的是，小轿车底盘低，刚到廊坊就被漫延的水拦住了。只好下车，河北记者站的同事赶来接上我和杨红岩，一同前往涿州。

8 月 3 日，刚到涿州，得知一个重要情况：新任涿州市交通运输局局长一星期前正是受灾核心区码头镇镇长，最了解当地情况，又负责人员转运调度。但是，没有人能联系得上他，据说洪水到来之前，他已经前往码头镇。

随后的几天，我们两次深入码头镇，辗转于村庄和灾民安置点，也四处打探，却始终没有找到这位局长。也许他无暇在这样十万火急、千头万绪的时刻面对媒体，也许不愿在这样的

▲ 涿州受灾村镇道路变成河，救援队用皮划艇或铲车接运群众——2023 年，涿州

特殊时期抛头露面……出于尊重，也因为有更重要的目标和任务，我们及时调整了关注方向。镇中学改设的安置点、被浸泡的村庄、一片狼藉的城镇，人们吵吵嚷嚷、忙进忙出的景象，已经足够给予我们冲击。

从他们的讲述中，渐渐拼凑起那场大水迅猛袭来的场面，即便已成回忆，黝黑精瘦的老人还是忍不住连连大呼“好家伙!”。我们眼前的水位已经下降了一半，仍然足以让瘦削的我不能在水中站立，没有人敢在哪怕是浅水区探一探深浅，备来蹚水的雨鞋自然也没有派上用场。这一次，我们坐上了铲车，一路用手机和微单镜头记录了水中的百姓和救援力量。

▲ 人员转运工作进入尾声，救援人员陆续集结，即将撤出灾区——2023 年，涿州

灾区不怕遇不到素材，怕的是自己的笔和镜头，无法书尽眼前的震撼。这一次，我选择用视频表达所看到的一切，搭档是资深记者杨红岩大哥，他承担了文字主笔的压力。略有遗憾的是，留给视频剪辑的时间有限，匆促之下无法精心排布、精雕细琢。后来，每次重新翻看当时的海量的素材，都会设想它该如何才会更好。而每每这时，才意识到，我是热爱这个职业的。

从业以来，几乎每一次的采访写作都留有遗憾，交给自己的稿子总不甚满意。我试图在每一次可以腾挪发挥的机会中，精进写作的技法、提高表达的能力。尽管理想主义者似乎永远不可能拿到满分，但至少我的“在场”，让作为记者的职业生涯，尚可回首。

我与“大鹏”同风起

中国交通报社采编中心三级资深编辑/记者　刘玢妤

▲ 在第三届“一带一路”国际合作高峰论坛采访中

时间拨回到5年前，我从未想过未来的日子会与交通结缘，并与飞机有如此深切的关联。

2019年5月13日，我入职报社后参与的第一个采访，便是北京大兴国际机场（简称大兴机场）真机试飞；4年后，2023年5月28日，国产大飞机C919商业载客运营，成为当日第一批跟机采访的记者。事实上，大兴机场从选址、校飞、试飞、演练到正式通航，C919从整机下线、取证、商业飞行到投入航线运营，本报全程跟踪报道，我有幸接过了民航的接力棒，与行业同频共振，茁壮成长。在这个过程中，我不断拥抱“变化”、适应“变化”、战胜“变化”，从认识到认可自己作为交通人和媒体人的双重身份，不断培养自己的责任感和使命感，守好意识形态前沿阵地，更好承担和履行加快建设交通强国的职责使命。

记录大兴机场腾飞

2019年，我刚刚走出校园，对于“大国重器”的形象还十分模糊。还记得那年5月第一次来到大兴机场，我被这个庞然大物深深震撼。大兴机场的航站楼气势磅礴，自由的曲面，优美深邃，数学之美与艺术之美完美结合，摄魂夺魄，叹为观止。

在采访过程中，我了解到大兴机场高度重视功能性、民族性和观赏性，同时也加深了对大兴机场建设各重要领域关键要素的先进性、独创性和引领性的认识与理解。

大兴机场作为新时代的新国门，是世界上最大的民用机场之一。其建设包容多元文化，重构机场美学，传承优秀历史文化遗产，体现了中国的文化自信，坚持了在与世界文化的互动中前行。而“镶嵌”在机场人流聚散通道、公共区域中的文化和艺术载体所涸润、营造的氛围，以及人们沉浸其中的交流互

▲ 2019 年 9 月 25 日，北京大兴国际机场通航

动，被赋予了增强文化自信，抒发人文情怀，体现真情服务，激励改革创新精神，提升公众审美水平，促进社会融合和文化认同的崇高使命。

2019 年 9 月 25 日 11 时 28 分，习近平总书记庄严宣布：“北京大兴国际机场正式投运！”这一重大工程建成投运，对提升我国民航国际竞争力、更好服务全国对外开放、推动京津冀协同发展具有重要意义。

通航当日，本报记者“兵分三路”，分别跟随中国南方航空、中国联合航空、河北航空的首航航班，见证了大兴机场的通航盛况。7 架大型客机依次起飞，我所乘坐的南航 A380 是大兴机场投运后的首个航班，A380 尾翼绚烂绽放的木棉花与大兴机场凤凰展翅金光灿灿的航站楼交相辉映，当日大兴机场人流如织的模样仍然深深印刻在我的脑海里。在前方记者与后方记者的共同配合下，我们不仅出色完成了版面工作，还累计发布近 60 条微博，阅读量达百万级。

近几年，我们持续跟踪大兴机场的相关报道，我更是在一年时间里前往大兴机场采访了 50 余次，在大兴机场通航一周年之际，我以日记形式特别策划《大兴机场：我一周岁啦！》，形式新颖，内容丰富；制作《“智慧”大兴机场　刷新出行体验》《世界上最吓鸟的职业》《“找茬儿”大兴机场商业同城同质同价》等几十个原创融媒体作品，记录了大兴机场的蜕变与成长。

见证国产大飞机翱翔

随着我们对民航领域的深耕，本报在民航业内的认可度不断提高，诸多民航大事件的现场都有我们的身影。2023 年 5 月 28 日，国产大飞机 C919 完成首次商业载客运营，我们获得了稀缺跟机采访席位，成为仅有的 5 家受邀跟机从北京出发的媒体之一。

国产大飞机商业首航是党中央和全国人民关注的重大事件。C919 商业飞行当日，我以飞机客舱噪声评测为角度发布了原创视频，角度独特，形式新颖，获得好评。该视频的准备历时近一年时间，记录了每次乘坐飞机出行时的客舱声音，得以在首飞当日完成多个机型的客舱噪声对比。

在版面报道方面，一改过去通讯体的风格，以飞行日志的

▲ 大兴机场通航当日，采访外国旅客

形式报道了《东航开启 C919 商业飞行》，生动、翔实地记录了这一重要历史事件，并以专业的视角阐释了其重要意义。

2023 年 12 月 31 日，国家主席习近平在新年贺词中总结这一年发展成绩时，特别提到了“C919 大飞机实现商飞”。2024 年 3 月 5 日，政府工作报告再次将国产大飞机 C919 投入商业运营作为上一年的一项重要工作。中国大飞机翱翔蓝天，承载着国家意志、民族梦想、人民期盼。

近年来，我们也一直在跟踪大飞机的发展历程，陆续发布了《国产大飞机 C919 全球动态首秀》《C919 进入民航局审定试飞阶段》《C919 客机全球首单落地》《C919 取证的那些事》《全球首架 C919 开启验证飞行》《加快培训 C919 国产民机开放创新生态体系》等多篇报道展现 C919 的安全性、舒适性，以及其商业运行对我国科技、工业实力提升和全球大飞机产业格局的重要影响，为读者提供了大量干货。

迈开脚步 提升“四力”

无论是大兴机场，还是 C919，它们不仅是加快建设交通强国的典型代表，它们还是历史与现实、理性与情感、光荣与梦想的相互交织，是国人“家国情怀”的具象化表达。改革开放以来，我国的交通运输建设凭借惊人的硬实力和发展速度，不断刷新世界纪录，创造了这一领域多个标志性的光辉业绩。这一系列的探索与实践，在全球范围内从“应用”到“提升”再到“创造”，从“高标准”到“超标准”再到“创标准”，最终实现了从“跟跑者”到“同行者”再到“领跑者”的角色转换。工作这 5 年多时间，我有幸成为这一过程的记录者，用文字和视频将中国精神、中国智

▲ 2023 年 5 月 28 日，C919 完成首次商业飞行（一）

▲ 2023 年 5 月 28 日，C919 完成首次商业飞行（二）

慧、中国气派和中国力量全方位熔铸于交通运输事业的整体样貌中表达出来。

工作第 2 年，突如其来的疫情打乱了我们的工作与生活节奏，但也让我第一次被这个行业深深触动。在疫情防控期间，无数交通人冲锋在前，有负责卡口疫情防控值勤工作的交通人、守护运输生命线的卡车司机、一趟趟护送医护人员飞往疫情严重地区的飞行员和乘务员……他们澎湃着炽热的硬核力量，影响着我。作为交通运输行业的记者，我也多次前往机场采访，时刻与各地通讯员保持联络，及时准确传达交通一线声音，报道行业疫情防控工作部署和行动，为交通运输行业营造良好的舆论环境。

疫情虽然改变了工作方式，但丝毫没有影响我们的新闻热情，我与同事持续输出创意，比如从最初的“新春走基层”变成“我做一天交通人”，从采编中心的栏目变成整个报社的栏目，各个中心都加入到了这个策划中。这几年我体验了许多民航岗位，空乘、机场餐饮监督员、机场地服人员、航司厨师、民航物流装卸工、掌灯人等，这样的采访体验让我与一线更近一步。

5 年来，我累计制作民航版 128 个，力求每期民航版做出精品，几乎所有民航版头条均结合行业、社会热点话题，自己调查、采写。政策类稿件接地气，《民用机场航空观景规划建设指南》征求意见稿出台后，我撰写文章《让飞行爱好者拍飞

▲ 我做一天交通人，体验南航物流机械臂搬运大件行李

机不用“风餐露宿”》；“小”采访也可以写出“大”新闻，比如从“机场为什么没有煎饼摊”一个小小的好奇心出发，到“平价商业撬动非航经济”对机场餐饮管理的半深入研究，3个月，我联系采访了全国43家机场，电话采访34位受访者，撰写整版策划《在机场摊煎饼是种什么体验》；钻研航司财报，采写《三大航2020年合计亏损日均过亿元　复苏仍备受期待》等行业专业稿件……

在一次次采访的过程中，我深感必须扎实做好基层采访工作，将我们的笔触、话筒、镜头深入群众，不断增强自己的脚力、眼力、脑力和笔力。提高“四力”绝不是一句空话，只有迈开脚步，才能认识这大千世界，感受这天地宽阔，获得大量新鲜而真切的新闻素材。

做伟大时代的记录者

中国交通报社水运中心一级资深编辑／记者　金校宇

▲ 2018 年 8 月，金校宇在希腊比雷埃夫斯港采访

“Amanda，请你帮忙在照片上标注各位记者的名字，谢谢。”翻看手机时，一条来自西班牙的微信将我的思绪带回 2018 年的夏天，带回“21 世纪海上丝绸之路”海外港口行主题采访活动。

时值“一带一路”倡议提出五周年，我和来自新华社、中

▲ 鸟瞰斯里兰卡科伦坡国际集装箱码头

央广播电视总台、中国日报社、中国新闻社等媒体的 30 余名记者满怀着憧憬与期待，分两路前往希腊比雷埃夫斯港，西班牙瓦伦西亚港、毕尔巴鄂港，斯里兰卡科伦坡港、汉班托塔港，深入探寻“21 世纪海上丝绸之路”上互惠共赢的生动故事。

港兴通天下 “海丝”续新篇

被称为“欧洲的南大门”的比雷埃夫斯港（简称比港）是希腊最大的港口，也是 21 世纪海上丝绸之路通往中东欧的门户。

从 2008 年原中远集团获得比港 2 号、3 号集装箱码头 35 年的特许经营权，到组建中远海运比雷埃夫斯集装箱码头有限公司（简称 PCT）；从 2010 年对 PCT 全面接管，再到 2016 年

▲ 中远海运港口毕尔巴鄂港集装箱码头

中国远洋海运集团有限公司（简称中远海运）完成对比雷埃夫斯港务局 67%股份的收购，正式成为比港经营者，这个被誉为“地中海上的一颗明珠”的港口发生了翻天覆地的变化，有力推动了当地经济社会发展，成为彼时金融危机阴霾下希腊经济的一大亮点。

在比港走廊文化墙上，中希两国代表性人物、历史文物、风景名胜等文化符号被“同框”布置，成为中希文化交流的窗口。在这里，孔子学院被搬进办公室，一批学员已经毕业；管理层注重尊重当地的节日风俗与休假习惯，选派优秀员工赴中国港口交流学习……一系列中希文化交流的努力，让外籍员工切身感受到中国企业的诚意和实实在在的获得感。

在西班牙，中远海运科学的投资计划和对港口专业化的运营管理同样助推了港口竞争力的提升。“这将给毕尔巴鄂港提供新的商机。”时任毕尔巴鄂港务局局长 Ricardo Barkala 这样评价，“我们非常欢迎中国人！”

用心用情讲好中国故事

“21 世纪海上丝绸之路”海外港口行主题采访活动由中宣部统一部署，交通运输部策划组织，中国交通报社承办，并得到了中远海运、招商局集团等企业的大力支持。

活动中，我既是一名记者，也是一名组织者，双重身份让我对如何讲好“一带一路”上的中国故事有了更深刻的体会。

▲ 中远海运港口西班牙瓦伦西亚港集装箱码头

▲ 采访团与西班牙瓦伦西亚港务局代表合影

进工地、上码头、看园区、访民众，采访团深入“一带一路”建设最前沿，用生动鲜活的报道增进国际共识、促进民心相通。为了高质量完成采访报道任务，本次海外港口行活动的行程安排十分紧凑。西线采访团在经过 11 个小时的飞行后，克服时差，带着所有行李直接奔赴港口一线，连续进行了 10 个小时的采访；南线采访团在抵达斯里兰卡后，转乘长途大巴，才抵达汉班托塔。采访期间，经常出现采访团采访到哪里，行李就跟到哪里的情形，有的记者途中发烧仍在坚持工作。

2018 年 8 月 8 日起，中央各媒体重要版面、重点节目、醒目位置陆续推出报道，报台网端联动发力，取得了显著的宣传效果。截至 8 月 29 日，海外港口行活动共计转载报道 2200 余篇次。其中，中国交通报各平台共发布稿件 110 篇，累计阅读量达 400 万。

伟大的时代孕育伟大的故事，精彩的中国需要精彩的讲述。作为一名交通新闻工作者，我将努力提高业务素养，积极创新报道方式和表达形式，依托交通运输发展的生动实践，用心用情讲好中国故事、传播好中国声音。

▲ 采访团在西班牙瓦伦西亚港口一线

▲ 采访团在西班牙瓦伦西亚港现场采访

跟随英雄的货车司机：逆行、记录

中国交通报社采编中心三级资深编辑／记者　韩光胤

▲ 记录蔬菜装车瞬间

无偿运建材的货车司机、千里送蔬菜的货车司机、不顾辛劳迎难而上的货车司机……在新冠疫情发生后，这些平凡的货车司机用自己的实际行动，极大地提振了湖北人民抗击疫情的信心。2020 年 2 月 20 日，我跟随贵州援鄂运输车队前往湖北荆州，采访期间与货车司机同吃同住同行，详细记录疫情防控战线上货车司机的生动故事。

▲ 本报记者韩光胤（中）与援鄂运输车队成员及爱心人士合影

▲ 为保障车辆高效运营，爱心车队在出发前做好车辆检修

50个小时、2200公里　见证货车英雄善举

受疫情影响，2020年年初货车司机开工率大幅低于往年，不少地区都面临着“有货无车、有车无人”的问题。“货车司机难找，去湖北的货车司机就更难找了。”爱心团队牵头人王树告诉我，之前已经联系了8个司机，没有一个人愿意去。

“我在六盘水，这单我接了。”爱心车队队长祖瑜接到爱心团队的咨询电话，一口就答应了。“一线医护人员都不怕，我有什么好怕的。”祖瑜对我说这句话的时候，眼里充满了坚定，没有丝毫的犹豫和畏惧。

▲ 货车司机祖瑜在出发前对车辆内部进行消毒

在湖南桃花源服务区，爱心车队遭遇服务区夜间因超员封闭而无法进入休息。之前，车队已行驶了11个小时，爱心车队司机夏仁贵为了提神，把满满一大杯浓茶都喝完了。之后，爱心车队还遭遇大雾天气走错路口等波折，但没有一个人喊苦叫累。

▲ 在途中休息，货车司机夏仁贵阅读《中国交通报》了解相关货运政策

历经50个小时、2200公里的奔波，3辆满载新鲜蔬菜的货车抵达荆州和潜江，向当

地负责人交付物资。“今天卸货的时候，好多居民来给我送吃的，说了好多感谢的话。不过看着城里空落落的，我心里有点难受，不知道他们的菜够不够吃。”平日里话不多的爱心车队司机史洪祥突然对我说，他有机会还想再去湖北。

一路上，每当看到这群平凡而又可爱的货车英雄，我总能感到温暖。

我用融媒全程报道援鄂运输

在援鄂运输系列报道中，我积极践行“四力”，以媒体融矩阵的方式进行多维度报道，在《中国交通报》，中国交通新闻网，以及中国交通报官方微博、微信、百家号、头条、抖音等新媒体平台刊发系列报道，取得了良好的宣传效果和舆论引导。出发前，我积极主持选题策划、起草总体报道和拍摄计划，跟车采访过程中不断向后方发回高质量报道，在后期视频制作时也全身心投入。

在跟车途中，我克服各种困难，坚持每天向后方发回高质量报道、视频、图片。2 月 20 日，我从北京首都国际机场 T1 航站楼前往贵阳，按照出门即是新闻的原则，一路采访疫情期间出租车和航空的运营情况，当晚刊发《援鄂运输采访记①｜记者出发：一路“超畅”到机场》；2 月 21 日，我采访贵阳爱心人士以及平塘基哈村村民及负责人，跟随爱心车队从贵州平塘启程，当晚刊发《援鄂运输采访记②｜发车！ 90 吨蔬菜载着贵州人的情谊》；2 月 22 日，历经 21 个小时、1100 公

▲ 爱心车队途中遇到大雾，司机视线受阻走错路口，在湖南常德周家店收费站等待交警护航

里的奔波，爱心车队抵达湖北荆州，我跟随爱心车队到达荆州福利院，与当地消防员、社区志愿者一同分发蔬菜，当晚刊发《援鄂运输采访记③丨荆州市民，我们来给你们加菜啦》；2 月 23 日，贵阳援鄂爱心车队返程，全程共 50 个小时、2200 公里，我全程见证了这群“逆行”公路英雄的善举，平凡而又温暖，当晚刊发《援鄂运输采访记④丨你们有多平凡，就有多可爱》；2 月 26 日，我以祖瑜、史洪祥、夏仁贵、张刚 4 位卡车司机为代表，刊发《援鄂运输采访记⑤丨别让“逆行”公路英雄寒了心》，呼吁社会各界关注这个熟悉而又陌生的群体；2 月 27 日，我回顾此次援鄂运输全程，在《中国交通报》刊发整版报道《援鄂运输采访记：跟着“逆行”英雄去湖北》。

援鄂运输采访记通过融媒体的形式，以图、文、视频并茂的方式进行了全方位的报道，生动展现了防疫一线货车司机的无私奉献和积极乐观的精神。

▲ 村民冒雨快速将新鲜蔬菜装车

凡人英雄故事值得被传颂

这一趟跟车采访，我和“逆行”英雄们同吃同住，切身体会了货车司机在路上的酸甜苦辣。

4 天吃了 6 顿泡面，我依然受不了红烧牛肉面的味道，觉得自己已经把今年要吃的泡面都吃完了。看着桶中被泡得圆圆胖胖的泡面，我苦着脸。“我们这不是马上就回去了嘛，火锅、酸汤鱼、牛肉粉都在等着你呢。”夏仁贵不断安慰我。

返程途中，我和 4 位师傅聊及随后的工作和生活，没想到大家异口同声地说道：“再干 14 天。”祖瑜告诉我，她已经联系好了货源，和 3 位师傅去云南送煤。通常，货车司机都是家里的经济支柱，休息是一件很奢侈的事情。

疫情期间，当大多数人听从号召在家隔离时，以祖瑜为代表的货车司机群体却勇敢“逆行”。在全国抗击新冠疫情表彰大会上，习近平总书记指出：世上没有从天而降的英雄，只有挺身而出的凡人。货车司机就是这样的凡人英雄。

货车司机是一个在公共舆论中几乎处于“隐身”状态的群体，我们很少会关注到他们的存在；在媒体报道或网络热搜中，我们很少看到他们的身影；疫情肆虐，我们拿着外地运来的口罩、果蔬、家电等各种产品，我们很少会联想到货车司机……但货车英雄的故事值得被传颂，他们的名字也值得被铭记。

2020年2月27日 星期四 5版

打赢疫情防控阻击战

中国交通报 CHINA TRANSPORT NEWS

援鄂运输采访记

跟着『逆行』公路英雄去湖北

发车 90吨新鲜蔬菜饱含贵州人的爱心

启程 一路“超畅”到机场

送达 路政交警接力护航驶出雾区

回家 “如果有需要，我还会再来”

和卡车司机同吃同住的日子

别让“逆行”公路英雄寒了心

▲ 2020年2月27日，本报整版刊发援鄂运输采访记

我与职业技能大赛

中国交通报社科教中心主编　杜爱萍

▲ 杜爱萍在职业技能大赛开幕式现场采访

十年弹指一挥间。从 2014 年的第六届，到 2023 年的第十四届，我连续 10 年参与报道了 9 届全国交通运输行业职业技能大赛（简称职业技能大赛，2021 年因疫情延期举办），并获得“全国交通运输行业职业技能竞赛优秀工作者”称号。10 年 9 届，我从一名新闻记者的视角，见证了这项全国一类职业技能大赛的变化与发展。

亲历竞赛十年变化

翻开一张张旧报，重温一篇篇报道，往事历历在目。10年间，我经历了职业技能大赛在竞赛规格、赛项数量、竞赛职业（工种）、选手组别等方面的变化，也亲历了职业技能大赛报道从纸媒走向融媒体的过程。

2014年举办的第六届职业技能大赛，首次升格为全国一类职业技能大赛，《中国交通报》用一个彩色通版报道了这届赛事，开启了报社对职业技能大赛的大规模报道，也开启了我对高技能人才的报道之旅。

从2014年到2017年，职业技能大赛每年都举办两个赛项，之后逐渐增加，从2018、2019年的3个，到2020年的4个、2021的5个、2023年的4个，2024年预计将增加至6个。赛项的增加，让更多的能工巧匠脱颖而出，推动更多的从业人员走技能成才、技能报国之路。

不只赛项增加，职业技能大赛的职业（工种）也积极对接产业，树立现代产业人才培养风向标，我们的报道领域也相应地不断扩展。如2016年首次举办的城市轨道交通赛项、2023年首次举办的新能源汽车维修赛项，都是伴随城市轨道交通、新能源汽车产业的蓬勃发展应运而生。

从2016年开始，城市轨道交通等赛项增设学生组，行业的“能工巧匠”、校园的“后备力量”凝聚在一起，为从业人员和在校学生搭建了展示技能、交流技术、同台竞技的平台。学生组的一些获奖选手得到了企业直接免试录用的机会，交通

▲ 激烈比拼

职业院校领导纷纷赞叹：增设学生组，并将院校教学标准和国家职业标准进行对接，对深化产教融合、促进学生就业等有很大的促进作用，助推了交通职业教育高质量发展。

我所经历的这 10 年职业技能大赛的变化是局部且有限的。交通运输行业职业技能大赛已成为服务党和国家发展大局、加快建设交通强国的重要行动，成为弘扬新时代劳模精神、劳动精神、工匠精神的重要载体，越来越多的从业人员从这里走上技能成才、技能报国之路，为推动交通运输行业高质量发展贡献智慧和力量。

从纸媒走向融媒体

伴随职业技能大赛的不断变化，我们的报道也发生了一系列变化。如每个赛项报道人数从早期的 1 人，逐渐增加到 2 人、3 人、4 人，我也从一个人“单打独斗”成长为报道组领队，2022 年更是组成了 8 人报道团队，集中报道职业技能大赛。

2022 年 11 月，第十三届职业技能大赛 4 个赛项首次同期在四川交通职业技术学院集中举办，报社组成了 8 人跨部门的报道团队，由我负责带队，这是我们报道职业技能大赛以来规模最大的团队。受疫情防控影响，大赛全程实施闭环管理，在成都的 8 天里，所有人不能离开校园一步，有的小伙伴第一次到成都出差，都没机会逛逛。大家起早贪黑全身心投入，经常加班到深夜。有的同事赶写稿子或发布稿子，错过了用餐时间；有的同事吃不惯餐厅的川菜，只能每天点外卖；有的同事压力大嘴角起泡，买来退火药退火茶；有的同事健康宝时不时

▲ 精心执裁

被“弹窗”，后来化“险”为夷……8个日日夜夜，报道团队成员团结协作、甘于奉献，最终打赢了这场“硬仗”。

不仅报道人数，报道数量、形式、平台等更是发生了翻天覆地的变化。早期主要以纸媒为主，在2017年职业技能大赛举办10周年之际，首次开启融媒体报道，在《中国交通新闻网》开设了大赛专题，主要以文字和图片展现赛事风采，专人维护，实时更新。2019年职业技能大赛，除了文字和图片，还尝试拍了几个短视频，小试牛刀，反响不错。

开启真正意义的融媒体报道，是2020年第十二届职业技能大赛。记得是在深秋时节的宁波港，第一场赛项举办前晚的媒体通气会上，部职业资格中心首次对融媒体报道提出了新的更高要求，而且新增了一家行业媒体参与报道，形成了潜在的竞争态势。临危受命，当天深夜我带领两名同事调整报道思路和报道方案，并加班加点制作了4篇图文报道，在多个平台转发，开局良好。

这届职业技能大赛共有4个赛项，我们通过报纸、网站、微博、微信、学习强国、快手、抖音、今日头条、百家号等平台，以图文、短视频、直播等形式，全方位全过程报道大赛，宣传规模和效果比历届大赛报道均有较大提升，各类新闻在大赛举办近两个月时间里“热燃”，受到广泛关注，开创了大赛宣传报道工作的新局面，部职业资格中心特地向报社发来感谢信。

此后，职业技能大赛融媒体报道成为常态，而且不断推陈出新，2023年第十四届职业技能大赛推出的“最现场”系列短视频，点击量合计超过一千万。

高技能成就出彩人生

10 年来，我采访了百余位职业技能大赛优胜选手，他们在竞赛搭建的舞台亮绝活、唱主角、展风采。在他们身上，既有“干一行爱一行”的精益求精、“偏毫厘不敢安”的一丝不苟，也有“千万锤成一器”的卓越追求，技能改变命运、技能成就梦想成为他们的人生写照。

全国五一劳动奖章获得者刘二伟是一位有故事的选手。16 岁初中毕业那年，他被央视《状元 360°》节目中身怀绝技的能工巧匠折服并激励，梦想有一天自己也能登上央视的舞台。

▲ 职业技能大赛搭建了技能人才亮绝活、唱主角、展风采的舞台

他干过很多行当，出海打过鱼，开过挖掘机。2009年，他第一次参加职业技能大赛并摘得桂冠，2014年再次荣膺职业技能大赛筑路机械操作工赛项第一名。他还先后获得了全国技术能手、全国优秀农民工等称号，并在2015年登上央视《中国大能手》的竞技舞台，梦想成真。

“每次参赛都有压力，但技能的提升永无止境，干到老、学到老。我最大的人生梦想，就是通过自己的努力，让家人过上幸福的生活。”刘二伟，这位农民的儿子，用技能实现了青春梦想，用技能拥有了出彩人生。

韩启山是2015年第七届职业技能大赛城市公交驾驶员赛项第二名获得者。他曾是一名下岗工人，再就业后成为一名公交车驾驶员。在获奖前的5年里，他4次参赛，屡战屡败，但他痴心不改，从未放弃。天道酬勤，他终于站到了全国城市公交驾驶员的最高领奖台，实现了人生梦想：“一路走来，我深深体会到劳动光荣、技能宝贵、创造伟大。无论干哪一行，只要热爱本职工作、精益求精，都能做出优异的成绩，有技能，皆可能！”

像刘二伟、韩启山这样，以高技能成就出彩人生的选手还有很多。职业技能大赛举办14届以来，培养选拔了多名全国五一劳动奖章获得者、全国青年岗位能手、一大批全国技术能手和全国交通技术能手，造就了一支素质优良的知识型、技能型、创新型劳动者大军，为奋力加快建设交通强国，努力当好中国式现代化的开路先锋提供了人才支撑。

工匠精神激励我前行

“您在上海的每一天每一刻都在用心工作，这篇文章背后是您对工作的敬业、专业和投入，我看在眼里，感佩在心，这就是真正的工匠精神!”这是我在报道2017年职业技能大赛电动港机装卸司机赛项后，大赛协办单位上海港培训中心纪委书记龚莉发来的微信。时隔7年重读这条微信，依旧心潮澎湃。

▲ 登高拍摄

那是2017年深秋时节，在上海港洋山四期自动化码头3天的时间里，我带领一名实习记者想方设法、见缝插针展开采访。记得到达驻地当晚，我们在酒店大堂采访了一位裁判。其间，巧遇大赛总裁判长和仲裁长、全国劳模孔祥瑞老师，我们抓住机会对他进行采访，持续到晚上10点多，受益匪浅。

为了获取更多报道素材，我们采访了近30人，包括参赛选手、各港领

▲ 采访间隙

队、竞赛裁判、企业老总、主办方负责人等。为了能在第一时间采访到第一名获得者，我们时刻关注竞赛实时成绩板，并根据比赛进度预判，在比赛结束前采访了上海港选手黄华，最后他真的获得第一名。

大赛期间，组委会秘书处要求我们全程拍摄，作为资料备用。除了采访，我们还担负起摄影任务，仔细琢磨、精选角度，为此还受到裁判的“驱赶”。

这样的工作状态，被一个人看在眼里、记在心上，她就是龚莉。竞赛结束后，当她看到我采写的《能工巧匠竞技能　交通强国勇先行——第九届全国交通运输行业电动港机装卸机械司机职业竞赛纪实》后，给我发来上面那条微信。当我表达感谢后，她又写道：“这是我的肺腑之言，这次有机会与您近距离接触，看到您是如何不觉辛苦地投入、主动热情地挖掘。如果没有对记者这份职业的热爱和专注是做不到的。这篇报道就是您一直以来的用心所结出的硕果。工匠精神这四个字您当之无愧！”

读罢微信我热泪盈眶，思绪万千。工匠精神是褒奖，更是对我记者工作的高度认可。

那一刻，我忽然理解了模范人物的坚持坚守和感人事迹背后的力量，这就是精神的力量，胜过金钱物质，超越荣誉本身。

多年来，无论境况如何，工匠精神这四个字一直激励我，不忘初心，砥砺前行，这也是我报道职业技能大赛最大的收获。

▲ 采访全国劳模孔祥瑞（中，左二为龚莉）

文化

讲好中国交通故事

我与《中国交通报》

许振超[①]

▲ "人民工匠"许振超

2004年,《中国交通报》头版推出了一篇关于我的长篇人物通讯，那时候，身为一线港口工人的我与同事们一样，低下

① "人民工匠"国家荣誉称号获得者、山东港口青岛港前湾集装箱码头公司工程技术部固机高级经理、中华全国总工会原副主席(兼职)。

▲山东港口青岛港（鲁罡轩　供图）

头就是干活、抬起头就是生活，力气与干劲都用在加班加点创高产上，没有几个人专门拿起报纸，看一看最新的行业动态和风向。而这次报道让我意识到，我们这些普普通通的码头工人，也越来越受关注、也越来越被聚焦，也能登上重要报刊等“大雅之堂”。

直到今天，我仍然能在中国交通报社 30 年大事记中找到《新时代产业工人的楷模——许振超》这浓墨重彩的一笔。头版、长篇，我感到无比荣幸与自豪，我们海港工人又一次借助大好平台站到了全国交通行业面前。我看报纸，报纸也看到了我；我看交通行业的大家，大家也看到了来自海港的我，这是一种很微妙的感觉，仿佛《中国交通报》是一个鲜活的老友，我们坐在一起，互相交流各自积累的故事、体会与感悟。

记不清什么时候，我开始有意阅读《中国交通报》，知道了这个我国交通运输行业新闻宣传和舆论引导的主渠道、主阵地、主力军，这位我国交通宣传工作的开创者、奠基者、引领者……从日新月异的前沿科技、到历久弥新的匠心传承，从乡村一隅的道路修建、到九天揽月五洋捉鳖……在遍及各个交通行业的数不清的宣传报道中，我体会到了《中国交通报》在全国交通宣传战线的强大号召力、组织力、影响力。

经常看《中国交通报》成了我工作和生活中的一部分。每次翻开报纸时，我都在想，在不同的时空中，有多少个不同的人与我一同遨游在同一块方寸间？这份报纸为我们交通人带来了更加广阔的视野和思维，薄薄的几张纸承载的，一方面是最新的交通资讯和政策解读，另一方面更有厚重的底蕴与情怀。有没有人因为某篇报道调整了企业决策？有没有人在方块字中看到了熟悉的名字？有没有人知晓了某项成就背后的种种不易？有没有人备受激励或启发进而奋发向前？这些都是《中国交通报》的潜在厚度与广度，由小及大、从近至远，个人的决定、企业的方向、行业的发展，社会、国家、国际……都通过一份报纸紧紧相连。

值得一提的是，我从《中国交通报》中得到了很多行业信息和专业知识，尤其是关于安全生产的内容。作为整天与巨型机械打交道的港口机械司机，我们工作环境复杂，《中国交通报》刊登的关于安全教育的专业内容，对于我们工人提高安全意识、提高安全能力起到了重要作用。每年有“全国交通安全日”特别报道，更有大量数据分析和实例展示，对于保障每一位交通从业者的人身安全、保障交通行业平安稳定发展具有重要意义。

作为一名读者，我对《中国交通报》未来的发展充满期待。在现代化大交通和立体交通的时代背景下，我希望《中国交通报》持续加强与读者的互动。社交媒体已经成为现代社会的重要组成部分，利用社交媒体的互动性，可以更好地收集读者的反馈和意见，及时调整内容方向，扩大报纸的影响力。

中国交通报

CHINA COMMUNICATIONS NEWS

A1 2004/4/9 星期五

厦门金旅

贯彻落实国务院领导重要批示

以更大决心和更有效措施抓紧抓好农村公路建设

温家宝、黄菊、曾培炎、回良玉等国务院领导同志对张春贤部长就落实中央1号文件、国务院农业和粮食工作会议精神有关情况的专题报告做出重要批示，对加快农村公路建设提出了明确要求

●温家宝总理：报告所提各项措施均好，望认真落实。

●黄菊副总理：加快农村公路建设，是促进农村经济发展的重要措施，也是一项长期任务，要继续抓好规划、建设，也要抓好质量，讲求实效。东北商品粮基地公路建设，可纳入东北振兴总体部署，统筹规划，抓紧实施。

●曾培炎副总理圈阅。

●回良玉副总理：交通部关注农村、关心农业、关爱农民，办了很多实事，赞同贯彻中央1号文件精神要抓好的三项工作。

新时代产业工人的楷模——许振超

本报今起全方位报道许振超先进事迹

他是初中学历的码头工人，却成了名副其实的技术专家。

他是普通的桥吊队队长，却带领队友们创出了集装箱装卸作业世界纪录。

他通过潜心钻研和拼搏奋进，成长为技术型、学习型的新时代产业工人楷模。

他对事业、对国家充满了强烈的责任感和主人翁意识。

时代需要这样的产业工人，国家需要这样的产业工人，作为千百万工人的一分子，他的成才其实并非偶然。

（下转A2版）

■社论

时代的风范

——从许振超看新时代产业工人该有怎样的素质

招投标预审公告

路缘石、护坡砖成型机

金石

沥青

▲ 许振超事迹引发热烈反响

此外，报社可以利用大数据分析技术，深入挖掘交通领域的各类数据，提供专业的分析报告和预测，为读者提供更具参考价值的信息。加强与高校和科研机构的合作，邀请专家学者撰写专栏或参与专题讨论，提升报纸的专业性和权威性。

另外，我认为报社在内容布局上也可以更加多元化。除了关注政策和新闻，还可以增加一些轻松、有趣的内容，比如交通领域的历史故事、人物专访、趣味知识等，吸引更多不同层次的读者。

最后，用户体验对于报纸的发展至关重要。除了内容本身，报纸的排版设计、阅读体验也需要不断优化。在线平台的界面设计要简洁美观，操作方便；纸质报纸则要注重视觉效果和可读性，确保读者在阅读过程中保持愉悦的体验。

总之，作为一名忠实的读者，我对《中国交通报》的未来充满信心。我希望《中国交通报》能够紧跟时代步伐，不断创新发展，以更加多元化、专业化、数字化的姿态，引领交通领域的舆论风向，成为每一位交通从业人员关注的路标，继续为广大读者提供优质的内容和服务。

二十余年的相伴，我与《中国交通报》感情深厚。现下，《中国交通报》也即将迎来创刊 40 周年，40 年，对于一份报纸来讲，是内敛与活跃并存、活泼与沉稳兼具的最好年纪，希望《中国交通报》能够继续在交通行业宣传中绽放异彩，走进下一个、下下个、无数个未来的 40 年。

交通报见证记录了我的成长与创新

上海国际港务集团股份有限公司原副总裁、教授级高工　包起帆

▲ 抓斗大王包起帆

《中国交通报》即将迎来创刊40周年的生日，我非常高兴，并深深地祝福。40年来，《中国交通报》是交通运输领域的主流权威媒体，也是一份传递交通人心声的好报纸。作为一名交通人，我不仅从报纸上听到了部党组的权威声音，看到了行业发展的脚步，还从报纸中学到了好的发展经验，对自己的

成长起到了很大的作用。可以说，《中国交通报》是我的良师益友，也是交通人之间沟通传递感情的一个重要纽带。

扎实有效宣传典型

回首过去，我对报社有着一段浓浓的深情。

这段深情首先来源于感动——感动于交通报人爱岗敬业、不辞辛苦的工作精神和态度。1994 年，中宣部、交通部联合下发决定，将我作为全国典型进行宣传报道。两部联合在中南海礼堂举行“新时期创业精神报告会”后，又组织报告团奔赴 30 个省份进行巡回报告。巡回报告团深入交通一线，特别到了很多条件艰苦的地方，道班、工地、码头、船上等。当时，报社苗木等记者全程陪同。一路走来，我为报社记者的敬业精神而感动，他们不畏辛劳，白天要和大家一起赶路、听报告，晚上还要埋头写稿。其间，我与苗木等记者深入接触，成了好朋友。那一年，关于我的稿子在《中国交通报》上刊发了几十篇，可谓硕果累累。时至今日，我很怀念那段难忘的日子，也很想念那些“老战友”。

在“新时期创业精神报告会”上，我是全国第一个上台作报告的交通人。能够在全国脱颖而出，离不开交通报人为我做的大量扎实有效的工作。他们花了很多心思，帮我整理报告稿、撰写文字材料、总结经验等。以我的体会，《中国交通报》在宣传劳模和先进典型方面走在了全国前列，也为交通运输行业精神文明建设谱写了精彩华章。继我之后，“华铜海”轮、李素丽、许振超、孔祥瑞等一批又一批先进典型，成为一座座精神丰碑，陆续见诸报端，飞入千家万户。

偶尔翻看过去的《中国交通报》，我会感慨万千。比如，看到1994年3月3日报社发表的社论《弘扬新时期的创业精神》，这种引领行业发展、把握时代脉搏的思想和观点，同样适用于现在的社会，很有前瞻性。还有1991年3月30日见报的《抓斗大王的心愿——包起帆与残疾工人的一段佳话》一文，

中国交通报
ZHONGGUO JIAOTONG BAO

西北地区国边防道路向社会开放
公路运输科技开发"新三样"领域

"抓斗大王"包起帆

无知是安全的大敌

经过六年奋战 沙漠再添新途
孟阿公路全线竣工开通

最大两艘粮矿船正为宝钢运行

秦港提前四年实现翻番目标

市长察渡口拨专款更新旧船

天津航道局两夺魁首力争三连冠

重庆对堵塞道路车辆实行强制拖移

▲ 包起帆事迹报道

现在读来，依然感人肺腑，文章中提倡的人文关怀精神，具有鲜明的时代特征，与现在倡导的以人为本的理念等一脉相承。因此，我觉得《中国交通报》在弘扬主旋律、把握时代精神、传递正能量等方面，独具眼光，历久弥新。

2018年4月28日，交通运输部召开视频报告会，揭晓“2017年感动交通十大年度人物”，我受邀出席。时任部党组书记杨传堂的讲话让我记忆犹新。他说，交通运输行业是一个有着优秀传统的行业，多年来，我们行业传承和积淀了不少令人感动的精神力量。陈德华、尼玛拉木等为代表的老交通、老先进，杨苗苗、方秋子等为代表的新生代、新典型，他们的故事各不相同，但他们身上所体现的时代精神是一致的，他们感人事迹所折射的交通运输行业的价值追求和情怀风范是相同的，充分体现了劳模精神薪火相传、代代相承的优良传统。我在现场，看到那么多优秀的、年轻的先进典型，也切实感受到他们身上散发出来的新时代交通精神，我很自豪也很振奋，心情久久不能平静。我希望感动交通年度人物的推选宣传活动能够越办越好，推选出越来越多的交通典型，激励行业奋进。

创新发明　一路记录

我是一名从码头工人成长起来的教授级高级工程师，长期在港口生产一线从事物流工程的研发工作。作为一名科技工作者，我深深感到，一路走来，《中国交通报》成了我的成长“史册”，是我创新发明之路上的见证者、记录者和传播者。

▲ 繁荣的上海港（计海新　摄）

从 20 世纪 80 年代至今，我恰逢交通行业千载难逢的战略机遇期，科研成果不断推陈出新。比如，20 世纪 80 年代，我和我的团队结合港口生产实际，开展新型抓斗及工艺系统的研发，创造性地解决了一批关键技术难题，被誉为“抓斗大王”。

1996 年，我和我的团队开通了我国水运史上第一条内贸标准集装箱航线，从零起步，迄今中国内贸集装箱年吞吐量已突破 5800 万标准箱。

在工程建设上，我和我的团队提出并在世界上首次实现了公共码头与大型钢铁企业间无缝隙物流配送新模式，实现了一条岸线同时供公共码头、钢厂和电厂灰场共用的方案，成为资源节约型、环境友好型码头建设的优秀典范，并于 2009 年获得世界工程组织联合会“阿西布 · 萨巴格优秀工程建设奖”。这是我国工程界首次获此殊荣。

2006年5月，在巴黎国际发明博览会上，我和我的团队发明的诸多应用在港口物流信息化、自动化和智能化项目获得4枚金奖，成为105年来在该展会上一次获得金奖最多的人。特别是我领军发明的集装箱电子标签系统已上升为国际标准，于2011年12月1日由国际标准化组织正式发布，编号ISO 18186。这是自我国1978年开始参与国际标准化组织活动以来，在物流、物联网领域第一个由中国专家发起、起草和主导的国际标准，是中国拥有自主知识产权的创新成果最终上升为国际标准的典范。创新永无止境。2023年3月13日，由我和我的团队领衔制定的集装箱国际标准《ISO/TS 7352:2023 集装箱 NFC/二维码箱封》，由ISO（国际标准化组织）中央秘书处在日内瓦正式发布。这是我国交通运输领域国际标准化工作取得的又一项重大进展。

……

这些主要成果，在《中国交通报》上都能搜索到。我知道，我的研究成果只是行业里的沧海一粟，还有千千万万个像我一样的人，通过《中国交通报》这个平台传播经验、智慧，为交通运输行业的健康可持续发展，挥洒着青春和汗水。40年来，《中国交通报》为科技成果宣传报道和转化搭建了一个广阔的平台，也为交通运输行业的快速发展营造了良好的舆论环境、提供了精神引领。

在新兴媒体日新月异、传统媒体转型发展的时代大潮中，作为一名忠实读者，我希望，在《中国交通报》及其新媒体平台上能看到更多有深度、有价值、耐人寻味的优秀作品。

同时，也希望报社能在上海设立专门的直派记者队伍，在这个现代交通如此发达的地方，掌握第一手信息，紧跟行业发展脉动，成为交通人和《中国交通报》传递信息与情感的“耳目”。

中国交通建设四十年快速发展的建设者、见证者和记录者。衷心祝贺中国交通报生日快乐！

包起帆
2024.6.17.

▲ 包起帆祝福报社生日快乐

值此《中国交通报》即将迎来 40 周岁之际，我衷心祝愿报社生日快乐，更上层楼，影响力越来越大，未来的路越走越顺。

本报记者　姜秋华　采访、整理

你们见证了港珠澳岛隧工程

中国工程院院士　林　鸣

▲ “喜欢出发”的林鸣

港珠澳岛隧工程建设 7 年，《中国交通报》一直作为重点工程跟踪报道，在工程与社会之间搭建了一座桥梁。2014 年沉管隧道开始进入深水区安装，水深接近 50 米，槽深 30 米，在世界沉管隧道史上还没有先例，在第十节沉管安装时发生了意想不到的偏差，我们的压力也累积到了最高点。2014 年

5月《中国交通报》刊登了《龙潭虎穴也要闯过去》的报道，详细介绍了工程进展遇到的深水深槽问题，以及建设者正在全力以赴攻坚克难的情况，引起了上上下下的关注和重视。在工地，员工们也争相阅读这篇报道，从中感受到了一种被关心和被理解，获得了坚持下去的信心。

为了珠江口远期航道预留，香港机场航空限高，港珠澳沉管隧道必须深埋到20多米海床之下。要建成港珠澳沉管隧道，就要颠覆传统概念，岛隧工程设计团队遇到了前所未有的挑战，也遇上了一次创新机遇。历时一年发明了“半刚性”沉管结构，当时受到质疑，但最终证明了“半刚性”是能够从结构上解决沉管深埋的科学方法。2015年年底，《中国交通报》发表了《挑战深埋沉管的日日夜夜》报道，在文章结尾总结道：岛隧工程建设者们，面对困难没有回避，面对压力始终坚持，面对质疑更加谨慎，最终使得构想变成了蓝图。港珠澳沉管隧道最终接头是确保完成大桥建成的最困难的工程，前后历时5年攻关，当时正值需要各方决策的关键阶段，这篇报道为最终顺利达成共识，提供了有力支持。

报社广东站记者廖西平几乎参加了每一次沉管安装。每一次安装，他都和我们肩并肩连续工作，有时一天两夜，有时两天一夜，有时需要更长时间。每一次连续几十个小时的安装期间都不闲着。现场作业的时候，到处照相收集素材；工序转换的短暂期间，找人采访、准备稿件；有时还会关心一下我的状况，给我一个问候。其实老廖即便需要写新闻报道也不一定非要到现场来，来了也不需要从开始到结束都盯在一线。我们是老朋友了，我“采访”过他这个问题。他的回答是:“每一次都是第一次”是你们的岛隧文化，也是我们记者的“文化”。

在港珠澳岛隧工程 7 年建设期间,《中国交通报》先后报道岛隧工程达 200 余次。《中国交通报》见证了港珠澳岛隧工程的建设全过程，当港珠澳大桥建成时,《中国交通报》也取得了累累硕果。

▲ 港珠澳大桥（黄昆震　摄）

难爱其实是深爱

中国交通报社总编室（融媒体中心）副主任　孙　妍

▲ 孙妍（右）在青藏线茶卡盐湖附近公路采访

2014 年川藏青藏公路通车 60 周年之际，我有幸全程参与了交通运输部新闻办“行走川青藏”活动的策划组织工作，前后多次往返川藏公路 318 国道和青藏公路 109 国道进行踏勘采访。

经历了近半年的采风和采访，“两路”与“两路”精神呈现在我眼前的是无数鲜活的交通人的群像，他们展现了这个行业的实干担当，体现了交通精神薪火相传、代代相承的优良传统，是对中国共产党革命精神的传承发展和生动诠释，是民族精神和时代精神在交通运输行业的生动体现。

01 初见

我与川青藏公路第一次建立“联系”，是为了去墨脱。

2013 年 10 月 31 日，墨脱公路新改建工程建成通车，结束了我国最后一个县不通公路的历史。在交通运输部新闻办的策划下，我们一行媒体记者提前两天在林芝集合，坐上西藏自治区交通运输厅派来的中巴前往波密——墨脱公路的起点。

这一趟，川藏公路 318 国道给了我一个“下马威”。从林芝到波密约 250 公里的路程，我们上午出发，天黑透了才到，整整走了一天。

藏族司机师傅的行前提示也成了我后来再次来到这里时对同行者的反复提醒：在鲁朗镇多吃一点，上好厕所，路上一定系好安全带。

翻过色季拉山，公路逐渐变窄，往来车辆却不见少，且货车多；沥青路变成了石子路，翻过一座山可能就迎上一阵雨，混着雨水石子路成了泥巴路；深深的车辙看不到头，急弯更急，司机师傅会车和转弯越来越困难。

至今我都清晰地记得那个情景，我坐在中巴副驾，车窗外是逼仄而至的峭壁，脚下是近在咫尺、隆隆奔腾的雅鲁藏布江

▲ 林芝至拉萨高等级公路（刘步阳　供图）

支流。在一个急弯会车点，司机师傅指着我正下方悬崖边滑坡留下的痕迹说，“上次那个严重的大滑坡就发生在这儿！”

因为车外画面太“生动”，一位原本靠右边窗坐的女记者甚至和左边的男同事换了座位。

当我们依稀看到通麦大桥时，车彻底停了下来。这是当时过通麦大桥的惯例。

远远看过去，一座不那么壮观的悬索桥，已经锈迹斑斑。受条件限制，通麦大桥承受能力只有 20 吨，且为单行线路。

武警交通战士们常年值守在这里，通常为三位战士一组，每两个小时换一班岗。执勤战士们的主要任务就是保障通麦大桥的安全，维持来往车辆通行秩序，还要对货车的载重量进行检查，以防超出大桥的承重发生危险。

等待排队过桥的时间长了，我就透过车窗看对面的来车。货车居多，还有往来几个县城的客运中巴，这些车辆的驾驶员常年跑线路熟，迎面而来的表情还算正常，但也看得出十分小

▲ 通麦特大桥（刘步阳　供图）

心谨慎。最让人揪心的是从祖国大江南北赶来、挂着各地车牌自驾体验川藏公路的旅行者，驾驶着各式越野车甚至是小轿车，每个人都表情严肃、小心翼翼甚至犹犹豫豫，踩着刹车一点一点从我们车旁蹭过去。

等我们的车排队过了桥，天已经擦黑了。司机师傅给大家打气：快了，后面的路好走些！

经过这一天，我牢牢记住了这个地方，当地人叫它通麦天险。专业术语的表达是，川藏公路 318 国道“102 滑坡群”以及“通麦至 105 道班段”——交通人对川藏公路曾经最危险的“瓶颈”路段所做的标记。

这就是我对川藏公路初印象，再美的风景也难抵最难走的路。

02 第一次“亲密接触”

转过年，2014 年川藏青藏公路迎来通车 60 周年。

被誉为西藏“生命线”的“两路”经历了这样的过去：1954 年 12 月 25 日，全长 4360 公里的川藏、青藏公路同时通车拉萨；经过 20 世纪 90 年代开始的综合整治，实现了全年全线畅通。2013 年，川青藏“两路”依然承担了 90% 的西藏境内公路交通客货运量。

为纪念这一重要时刻，交通运输部新闻办筹备“行走川青藏”采访活动，我全程参与了前期踏勘、选点策划以及媒体采访组织工作。

当年 5 月，在四川、青海、西藏三地交通运输部门的大力支持和协助下，我们的线路踏勘以成都为起点，经川藏公路 318 国道从成都前往拉萨，再沿青藏公路 109 国道从拉萨抵达西宁。

我的一部旧手机里一直存着这次踏勘的照片和备注：

沿 318 线至二郎山，新隧道正在建设，车多；从康定出翻折多山，海拔超过 4000 米；从雅江出至天路十八弯路，车多，有观景台，有停车位，有简易厕所。

沿 318 线经竹巴龙进入西藏，海通沟为重要地质灾害点；途经米堆冰川灾害点、然乌沟灾害点、古乡冰川灾害点；至通麦，堵；

沿 109 线从拉萨出全程高海拔，多货车；至天下第一道班，海拔 5231 米；至五道梁冻土区，海拔 4700 米，四季皆冬，生命禁区，尽量不停车；

沿 109 线从格尔木出全程戈壁，全面设置旱厕，被命名为高原千里文明路……

我为这趟行程划定了四个工作要点，记录危险路段，确定可停车采访点，标注高海拔地区，体验沿线厕所。

前两项是为了更好满足媒体记者的实地采访需求，而后两点则是我在经历了通麦天险后对于人身安全和人文关怀基本保障的考量。

高海拔是对人类生存极大的挑战。踏勘第二天，我的一位同事就在高尔寺隧道项目部因严重高反，呕吐脱水，无奈从康定机场返回成都；而我即使适应了前半程川藏公路海拔 3000 多米的高原气候，仍在青藏公路海拔 4600 米的那曲失眠了。

那天晚上，我在仅自己可见的朋友圈记录了当时的感受：头疼，耳鸣，大口喘气，行动缓慢，不想说话，脑袋不转，睡不着觉。

“两路”上普通如厕也会遇尴尬。走过青藏公路格尔木至西宁段的人都知道，公路两边全是茫茫戈壁，看到一两棵树都不容易，找个能避人方便的地方更难。在创建高原千里文明路的过程中，109 国道沿线设置了白色厕所及醒目的标志，即使受条件限制只是旱厕，也足以给人温暖。

结束二十多天的踏勘，从西宁返回北京的飞机上，当时仍沉浸在“两路”时间的我，在踏勘笔记里做了这样一个小结：

川藏公路 318 线像个少女，秀美、有灵气，但发起脾气来，又是个绝对的女汉子；青藏公路 109 线更像个俊朗的少年，一马平川、不矫情，但一路高海拔的艰辛，只有行路人知道。

这个比喻引发了央广记者的共鸣，在他后来制作的中国之声《新闻纵横》的“两路”报道中被引用。

这次“两路”全程走下来，我不能再简单地用“路难走”定义这里，地图上被我密密麻麻标记的高海拔地区、地质灾害点以及在建工程项目，无声地传递着“两路”故事的另一面：

路难走，路更难修；再难走的路，却有那么多的车日日经过；再难修的路，新的改扩建工程项目却也一刻没有迟缓。

03　你们的名字

当年 7 月底，经过紧张的筹备和三地交通运输部门的密切配合，中央媒体采访团兵分两路，分别从成都和西宁出发踏上“两路”，并在拉萨集结。

这一次，我眼中看到的已不再是车轮下的“两路”，而是人，是筑路人，是无数我叫不上名字的、叫得上名字的、不相识的、有一面之缘的为“两路”顽强拼搏、无私奉献的交通人。

70 年前，11 万藏汉筑路大军在平均海拔 4000 多米的青藏高原上建成了两条世界上最艰苦、最复杂、最具挑战性的公路。川青藏公路几乎每延伸一公里，就倒下一名烈士。他们抱着必死的心，摆开豁出去的架势，一定要把路通到拉萨！

筑路人的勇气和气魄在“两路”一直延续。再次踏上“两路”，我努力记录着这群交通人每个人的名字。

踏勘在川青藏线。川藏公路经过多次改造升级，很多曾经的土路老线已被地质结构更稳定、行车条件更安全的新线代替。采访时，中交一公院专家喻林青和吴顺山在川藏线已工作三十多年，几乎跑遍了西藏所有的公路。提及遇到过的险情，吴顺山说：“一次翻车、一次撞车、两次肺水肿，感觉离死亡很近了。但是过了就过了，无所谓了。”

建设在川青藏线。2012 年年底雅康高速公路二郎山特长隧道动工。在二郎山新隧道洞口，项目经理冯志谦回忆刚进项目时的情景：“当时这里完全是一片原始森林，新隧道海拔降低到 1500 米，以后就不会再受冬季大雪封山的困扰。”

值守在川青藏线。2014 年，来自安徽的武警交通二支队士官排长汪林已在通麦大桥值守了 6 年。每年 7 月至 9 月日均放行 1600 余辆车，经常到凌晨两点才能松一口气。他说：“新大桥建成后，过桥就不再让人发愁了。”不远处正在建设的通麦特大桥已经有了轮廓。

护路在川青藏线。在唐古拉山天下第一道班，海拔5000米已经超出了正常人的生命极限。一位藏族小伙子（很遗憾我没有找到当时的采访本查到他的名字）在介绍他的工作时不经意地说，段上的同事们大都会随身带着止痛片，夜里头疼睡不好。

援助在川青藏线。交通援藏技术干部芮斯瑜2012年8月来到西藏，担任318国道102滑坡群及通麦至105道班段整治改建工程项目办总工程师。和刚来时拍摄的工作照比，他明显黑了，也更清瘦。“整治改建工程完成才是我回家的时候。通麦特大桥、迫龙沟特大桥和数座隧道，将以桥隧相连的方式，避开地质灾害频发的路段，‘卡脖子’很快就会成为历史。”

科研在川青藏线。1973年，青藏公路科研组把冻土观测站建在了五道梁。作为新一代科研人员，中交一公院的工程师符进经常一年有半年吃住在“生命禁区”五道梁。采访时，他这样评价自己的工作：“我们对多年冻土的研究还远远不够。青藏公路作为G6京藏高速公路的一部分，我们要为今后建设格尔木到拉萨的高速公路做好技术储备。”

“两路”通车60周年之际，习近平总书记作出重要批示，60年来，在建设和养护公路的过程中，形成和发扬了一不怕苦、二不怕死，顽强拼搏、甘当路石，军民一家、民族团结的“两路”精神。

人在坚守，路在延伸。一代又一代交通人，以青春和生命，不断丰富和发展着“两路”精神的时代内涵。

04 十年之后

再次打开“两路”记忆，是今年4月一条微信朋友圈。一位热爱旅行的朋友连续晒出川藏公路318国道和墨脱公路的照片，并配文“好多处都拓宽了，大车明显更多了。在建的高架桥、隧道，或许几年后就再无318了；再来，请穿越70%的隧道”。

我想和她说，十年前的318国道能把你开哭了，于是私信问，路好走了不好吗？她回复我，好呀，只是有点遗憾看不到以前的风景。

这十年，“两路”建设发展按下“快进键”跑出“加速度”：

2015年年底，川藏公路318线高尔寺山隧道试开放通行，加上之前已贯通的剪子弯山隧道、翻越托洛拉卡山的理塘隧道，进出川藏线可少翻三座海拔4000米以上的大山。

2016年，以102隧道、飞石崖隧道、小老虎嘴隧道、帕隆1号隧道、帕隆2号隧道和通麦特大桥、迫龙特大桥“五隧两桥”为主的川藏公路通麦段整治改建工程正式通车，标志着318国道川藏公路西藏境内路段黑色化全部完成。从此全长14公里的通麦天险成为历史，整个通行时间缩短到20分钟。

2018年，沿川藏公路318线并行，雅康高速公路全线建成试通车，全长13459米的二郎山特长隧道、主跨1100米的泸定大渡河大桥，都堪称世界“超级工程”，从成都到康定的车程从7个小时缩短为3.5个小时，大大拉近了雪域藏族聚居地和平原腹地的时空距离。

▲ 迫龙沟特大桥（刘步阳　供图）

2019 年，世界上海拔最高的特长公路隧道——米拉山隧道建成，标志着全长约 400 公里的林芝至拉萨高等级公路全线通车，让你一脚油门从林芝直奔拉萨。

2021 年，世界上海拔最高的高速公路京藏高速公路西藏那曲至拉萨段全线通车，拉萨到那曲的通行时间从原来的 6 个多小时缩减为 3 个小时。

……

新时代新征程，“两路”不仅承担着物流动脉的角色，更逐渐转变为经济走廊。沿途各族群众打造各类特色旅游体验、发展起各种特色产业。“两路”给群众带来了真金白银，推动了沿线地区经济社会发展，续写了雪域高原高质量发展新篇章。

2024 年 8 月，在习近平总书记就“两路”建成通车 60 周年作出重要批示、提出弘扬“两路”精神 10 周年之际，我们回访了十年前因“两路”结缘的交通人。

▲ 那曲至拉萨高速公路波玛互通（刘步阳　供图）

驻守在“生命禁区”的天下第一道班，他们将自己的工作从公路除雪保通，延伸到救助生命，道班成了救助站和服务区，平均每年救助 130 多人，收到感谢信 3000 多封、锦旗 200 多面。

芮斯瑜结束援藏返回广州后在桥梁建设领域开展了大量实践和研究。“海拔高不如志气高，缺氧气不能缺勇气”，曾经，他们在通麦项目上用这句话相互鼓励；如今，这股干劲已融入血液，成为他攻克难关的底气。

符进则扎根青藏线二十年，已经是中交一公院正高级工程师。“青藏高海拔多年冻土高速公路建养关键技术及工程应用获评了 2020 年度国家科学技术进步奖二等奖，这是我们院在高寒高海拔地区交通建设领域的第 5 项国家科技进步奖。青藏线就剩下格尔木到那曲这一段还没有高速公路了，我们要为西藏建设一条稳定、耐久的高速公路！”

再回到墨脱公路通车的那个节点。我记得采访时建设者们反复强调，墨脱公路通了，但还不能撤离，因为气候、地质干扰等随时都会来“卡脖子”。

一同采访的《人民日报》记者没有按照常规采写通车消息，而是刊发了一篇题为《难爱墨脱》的通讯。她感慨，多位参与建设墨脱公路的建设者们，“面对自己的建设成果，一点喜悦之情都没有，就像父母不爱自己的孩子，这有违常理的背后，是超乎想象的惨痛和艰辛”！

“两路”留给我们的不仅仅是两条重要的运输生命线，更是宝贵的精神财富。墨脱公路的建设者，大部分都曾参与过“两路”改造升级，“两路”精神鼓舞着新时代的交通人，从川青藏公路来到新藏公路，来到墨脱公路，再到那拉高速公路，“两路”精神在西藏加快经济社会发展和实现长治久安的伟大进程中，绽放出强大的生命力。

现在想想，那些嘴上说“难爱”的人们啊，或许难的是路，但爱的是业。他们爱得深厚！

“两路”精神薪火相传，已成为交通运输行业凝聚共识、凝聚人心的强大精神力量。在全面建设社会主义现代化国家新征程上，历久弥新的“两路”精神仍将激励交通人艰苦奋斗、开拓进取，迈出加快建设交通强国的铿锵步伐。

向 70 年来所有为川藏青藏公路建设、养护作出贡献的筑路人和交通人致敬！

感动常在

中国交通报社编委、科教中心主任　王　楠

▲ 王楠（左）在救助直升机上体验并采访救生员

“感动交通年度人物”是由交通运输部、中华全国总工会主办，中国交通报社承办的一项面向交通运输全行业、全领域的先进典型人物推选宣传活动。活动自 2013 年起，至今已连续举办 11 年，成为行业关注度最高、最具影响力的品牌活动之一。每年的“感动交通十大年度人物”视频报告会，更是被称为“交通人的年度精神史诗”，让无数观众心潮澎湃、热泪盈眶。

▲ 2024 年 10 月 22 日，在江苏省南京市召开的加快建设交通强国大会上，“2023 年感动交通十大年度人物”“2023 年感动交通年度特别致敬人物”受到交通运输部党组书记刘伟表扬（崔书洋　摄）

作为活动组委会办公室的主要成员之一，我有幸从 2016 年开始深度参与此项活动，整体统筹活动策划、组织、推选、宣传等工作。从那之后的每一年春天，我都如期奔赴这场与这些既平凡又不凡的交通人的美丽约会，认识一个个闪亮的名字，聆听一段段动人的故事。每一次相遇，都犹如一趟荡涤心灵的旅程，让我在收获感动与温暖的同时也积蓄着奋进前行的力量。

十年之礼

2023 年，“感动交通”迎来十周年。十年间，数百名之前默默无闻的交通人涌现台前，从活动中走出其美多吉、方秋子、杨苗苗、林鸣、曲建武等党代表、时代楷模、道德模范、全国劳模、院士，灼灼之光汇聚成开路先锋的模样。

特殊的时间节点，总该有点特别的纪念方式。记得 2023 年年初时部政研室组织了一次行业先进典型人物视频座谈会，获评第一届“感动交通十大年度人物”的杨苗苗在发言中说：“感动交通这个活动特别好，弘扬交通正能量，我非常珍惜这份荣誉。只是过了这么多年，也不知道大家都怎么样了，真希望能有机会见面交流。”即使隔着屏幕，我也能感受到她真挚而迫切的心情。

是啊，十年转瞬即逝。那些当初“感动交通”的他们，如今都在哪儿？他们还好吗？这些年又经历了怎样的变化？这大概也是如杨苗苗一样千万交通人都想知道的吧。于是，2023 年，我牵头策划了“感动交通　十年回访”融媒体宣传报道，选取十年间推选出来的部分感动交通年度人物代表，通过回访的方式，用文字和影像记录并讲述他们接续奋斗的故事。

我的这一想法得到了报社领导的大力支持和各部门的积极响应，几个主要采编部门纷纷选派出精兵强将。春寒料峭之时，一个个由文字记者、导演、摄像等 3 ～ 4 人组成的采访小组开始奔赴四川凉山、安徽蚌埠、广东珠海、山西太原、上海和天津等地，跨越山海去寻找和回访那些当年的感动。

▲ 交通人的精神丰碑

与赵静一起再回一趟阿布洛哈村，同其美多吉一道再走一次雪线邮路；坐上107路“苗苗公交”感受十米车厢内的微笑温情，登上“海巡01”轮体会姜龙船长逐梦深蓝的满腔赤诚；在林鸣的工作室远眺雄伟壮丽的港珠澳大桥，在胡建的潜水训练基地寻访“下五洋捉鳖”的技能如何练就，在杨树森团队的实验室追忆曾经驻扎现场与泥沙较量的时光……采访组先后历时两个多月，总行程近1.5万公里，采访笔记记了几大本，视频素材拍了1TB，当然还有许多不可量化的宝贵经历和记忆永远留在了心中。

最终，我们在报纸上刊发了《再难也难不过阿布洛哈》《吹沙走浪坚定向前》等8篇回访系列报道，拍摄制作的13分钟纪录片《感动交通　非凡十年》一经新媒体平台推出，便引起行业共鸣，收获真诚点赞。更值得自豪的是，这部片子在当年还荣获第十三届“光影纪年”——中国纪录片学院奖入围奖，以及第二届粤港澳大湾区公益网络微电影大赛铜奖。

记得在学院奖颁奖典礼现场，我拿着获奖证书问同事阎语：“这个入围奖算什么档次？含金量如何？”当天西装革履的阎导一脸严肃地对我说：“楠姐，学院奖参评的影片一共600多部，几乎全是大手笔大制作，央视的《航拍中国》获得的也是入围奖。”“哈哈哈……”我俩不由自主地笑出了声，看来，送给“感动交通”的十岁生日礼还不薄呢！

何以感动

这么多年来，我经常被问到一个问题：什么样的人能够“感动交通”？我也时常扪心自问：究竟什么样的感动能够让全行业动容，且历经岁月、生生不息？

对此，不同的时代有不同的标签，不同的人也有不同的感悟。

正所谓“一千个读者眼中就有一千个哈姆雷特”，时至今日，我们仍然无法为“感动交通”做一个清晰而准确的定义，但我知道，这绝不是作家画师笔下个体而细微的感觉，它一定是整个交通运输行业能够感同身受的一种心理体会，是绝大部分交通人普遍认可的一种价值判断，它源自传统美德的召唤，源自无私奉献的大爱，源自生死抉择的震撼，源自履职尽责的担当。

十年来，上百名质朴无华的交通人因“感动”而被知晓、被铭记；十年过后再次走近他们，仍然可以感受到一个个鲜活而富有热度的生命扑面而来——

面对墙上的巨幅合影，看到如今横跨伶仃洋的港珠澳大桥英姿勃发车水马龙，作为建设者的林鸣难掩内心的激动。取得了人生的代表作，也成为中国工程院院士，头发花白的林鸣仍然“喜欢出发”，一直致力于海工方面的科学研究和装备技术创新，为促进海洋经济发展、建设海洋强国“奋力奔跑”。他说，人生不能总停留在原地，要不断地去探求新的东西，保持出发的状态。

开了30年公交车的杨苗苗每天重复着靠站、停车、开门、关门、起步几个动作，热情灿烂的微笑始终挂在脸上，依然觉得“每天开车像开盲盒一样充满惊喜”。当选为全国人大代表、党代表的她更多地倾听来自人民群众的声音，为交通事业更好地发展建言献策。

“时代楷模”“感动中国2018年度人物”“全国敬业奉献模范”“最美奋斗者”“全国劳动模范”……拥有诸多荣誉的其美多吉俨然已是交通运输行业先进典型的“高峰”，可无论何时，这位高大帅气的康巴汉子心里都明白，身上的这套绿色邮政制服，代表着行业“国家队”的责任使命。一路行邮，一路行善，其美多吉仍然驾驶着绿色的邮车奔波在雪线邮路上，只是随着隧道的开通，翻越雀儿山的道路不再那么凶险漫长，一件件邮件包裹随着他的邮车，为雪域高原带去美好希望。

▲ 2018年1月13日上午，上海打捞局4名救助人员佩戴空气呼吸器，冒着生命危险登上“桑吉”轮展开搜寻。这个英雄团队当年获评感动交通年度特别致敬人物（上海海上搜救中心　供图）

在悬崖峭壁上为阿布洛哈村凿出一条3.8公里“天路”的赵静，兑现了“脱贫攻坚路上不让一个地方因交通而掉队”的铮铮誓言。如今的他从“接棒人”逐渐转变为“交棒人”，带领团队继续为四川地区从“蜀道通”跨越到“蜀道畅”“蜀道美”而努力拼搏。

“海巡01”轮曾经的掌舵者姜龙也在几年前依依不舍地离开了这艘海事旗舰，兜兜转转过后，又以东海海巡执法总队副总队长的身份与“海巡01”轮再度相连。让“海巡01”轮的管理更加科学精细，让“海巡01”轮的人员更加快速成长，是他现在倾注心血最多的事，“不管是在船上还是岸上，我都愿和‘海巡01’轮一起，护佑祖国300万平方公里蓝色国土的祥和安澜。”

……

有些感动发生在千钧一发的瞬间，更多感动抵得过似水流年的日常。

何以感动?

是经年累月的坚守奉献，

是刹那华光的挺身而出，

是闯关夺隘的锲而不舍，

是追逐梦想的勇往直前。

是善良、执着、勇敢、坚毅、精进、无私……是这些浓缩在平凡闪光的交通人身上的优秀品格，激发了我们内心深处对于真善美的追求渴望，挺起了一个行业的精神脊梁。

为交通行业书写史记，为交通人树碑立传。作为交通运输行业新型主流媒体，我们要做的，是继续寻找感动，发现感动，讴歌感动，让英勇被铭记，让坚守得传颂，让大爱被感知，让奉献得弘扬。

感动常在，温暖长存。为奋力加快建设交通强国、努力当好中国式现代化开路先锋汇聚起更为强大的精神力量，这是属于我们交通报人的无上荣光!

发现其美多吉

中国邮政集团宣传处原负责人、中国交通运输协会
交旅融合发展分会秘书长　肖文焱

▲ 肖文焱与其美多吉

其美多吉是中国邮政集团有限公司四川省甘孜县分公司长途邮车驾驶员。近年来，他荣获了时代楷模、感动交通年度人物、感动中国年度人物，党的二十大代表、全国民族团结进步先进个人、全国劳动模范、全国优秀共产党员、全国最美奋斗

者等一个个闪亮的荣誉。作为一名邮政基层员工，他以生命赴使命，一辆车、一条路、140 多万公里，30 年的坚守，让人们看到了“雀儿山上流动的绿，生命禁区前行的旗”，看到了“雪线邮路上幸福使者”的初心和奉献。

“先进典型是有形的正能量、鲜活的价值观。”从发现其美多吉到培树他成为典型人物，再到将其作为一个品牌进行传播，是我职业生涯中的难忘经历，也联结起我与其美多吉、与《中国交通报》的深厚情谊。我喜欢报社原总编辑李咏梅常说的一句话“彼此成就”，可谓最贴切的表达。

念念不忘，必有回响：第一次见到其美多吉

2015 年，我有幸参加了交通运输部政研室组织的交通运输系统宣传工作座谈会，时任副部长刘小明讲话中的一句“交通系统对先进人物的宣传有高原无高峰”让我深深触动。我想，中国邮政有着宣传典型人物的良好传承和基础，可以向高峰努力。无论是 20 世纪 50 年代“一封信一颗心”的新中国第一代女邮递员罗淑珍，还是获评共和国双百人物的“深山信使”王顺友，都曾是当时家喻户晓的典型人物。

时任邮政集团办公厅主任张力扬对我说，王顺友是 2005 年邮政政企合一时期推出的重大典型，你全程参与过宣传。2007 年邮政已政企分开，党的十八大以来我们进入了新时代，推出具有新时代精神的重大典型，应作为新闻宣传处工作的一项重要内容和目标。

自此，我以责任和热爱为动力，按照领导的期望与要求开始了典型人物的发现之旅。我翻遍了31个省（区、市）邮政先进人物的故事，翻遍了邮政系统所有全国劳动模范的事迹材料……却久久没有找到那个具有成为重大典型潜质的人，直到我见到其美多吉，正应了那句“念念不忘，必有回响”。

2015年，其美多吉所在的“康定—德格邮路”在交通运输部主办、中国交通报社承办的第二届“寻找中国运输风范

▲ 甘孜县航拍（中国邮政集团有限公司　提供）

人物领袖品牌”活动中，被授予“中国运输领袖品牌”。该活动为邮政集团搭建了宣传和展示的平台，这条承载了几代邮政人奉献故事的“康定—德格”邮路首次在大交通系统进行宣传。

第一次见到其美多吉，他是作为“康定—德格邮路”的代表来京领奖。身着藏袍的其美多吉高大、帅气、阳光，眼神坚定、谦虚有礼、落落大方、善于表达，他和我之前所熟识的邮政先进人物都不大一样。我认定，这正是我心目中新时代邮政人该有的样子。

其美多吉，一个美好的名字，我问他藏语含义，他说就是“长寿金刚”的意思，这是他第一次来北京，临时替单位人员来领奖。感谢这次偶然成就了之后的必然。

策划先行，创新传播：从普通员工到重大典型

好形象固然是加分项，但重大典型的树立最关键的还是要有立得住、叫得响的事迹。以工作敏感，我意识到既然这条光荣邮路上有许多感人故事，那长期坚守在这个岗位上的其美多吉也一定有。当陪同来京的四川邮政新闻中心主任陈文毅聊天中提到其美多吉曾被刺 17 刀康复后重返邮路的经历，我更加坚定了自己的判断。

陈文毅也是王顺友重大典型宣传的参与者，我俩一拍即合，当即提议争取把其美多吉作为全国重大典型进行宣传，并商议了拟分三步走，首先入选感动交通人物，其次入选感动中国人

物，最后成为重大典型在人民大会堂举办先进事迹报告会。

目标明确了，但横亘在眼前的困难之多、挑战之大，出人意料。其一，这条英雄邮路在四川省内宣传过，也上过新华社的《瞭望周刊》，但人物故事中没有其美多吉，其事迹材料为零。其二，没有获得过任何省级单位以上的荣誉。其三，政治面貌是群众，且已向单位提交退休申请（高原地区员工退休年龄可提前）。可他身上那些闪耀的特质依然吸引着我、鼓励着我。他是藏族、会说汉藏双语、康巴汉子，实现开车梦想、经历生死较量、亲情离别，且乐于助人、能歌善舞……他梳着小辫子、留着络腮胡，具有鲜明的形象特征，在图片和视频为优势传播的互联网上具有强大的视觉识别性和冲击力。

我提议陈文毅先回去找故事，如事迹真实感人，四川邮政率先组织在省内开展宣传，集团公司在全国层面扩大宣传，并优先推荐其参与“感动交通年度人物”推选宣传活动，邮政宣传部门达成共识、上下联动，共同挖掘其美多吉的先进事迹。我们运用传统媒体和新媒体融合创新的方式，通过报纸、电视、广播以及微信、微博、社交平台自媒体等，从不同角度围绕典型定位开展宣传，增强典型宣传的渗透力，形成了强大的正面宣传声势。

在此过程中，《中国交通报》作为交通运输行业最专业权威的媒体，始终对其美多吉的宣传予以大力支持，多次派记者奔赴一线深入采访。2016 年，其美多吉荣获交通运输部和中华全国总工会联合主办、中国交通报社承办的“2016 年度感动交通十大年度人物”。

2017 年新华社采写工作启动，挖掘了其美多吉坚守甘孜雪线邮路 28 年的感人事迹。交通运输部领导作出相关批示。

邮政集团党组对此高度重视，大力支持该典型的树立与推广。我作为集团其美多吉先进事迹宣传的具体负责人，两次参与组织各有关部门人员赴雀儿山雪线邮路进行先进事迹的考

▲ 其美多吉驾驶车辆经过雀儿山（中国邮政集团有限公司　提供）

察，亲自体验和见证了这条勇者之路，每一次见到其美多吉和他的伙伴们都能感受到不畏艰险、为民奉献、忠诚担当、团结友善的“雪线邮路”精神。

2018 年 3 月，交通运输部为“其美多吉雪线邮路”授牌，并下发《关于做好“其美多吉雪线邮路”宣传工作的通知》；

2019 年 1 月，其美多吉被中宣部授予“时代楷模”称号；

2019 年 2 月，其美多吉入选感动中国 2018 年度人物，颁奖典礼在央视一套播出；

2019 年 3 月，其美多吉先进事迹报告会在人民大会堂成功举办。

截至目前，其美多吉典型事迹宣传已历时八年。伴随着其美多吉不断获得新的荣誉，《中国交通报》也持续宣传了八年。

报社创办并持续开展的“中国交通文化品牌活动”，曾多次邀请其美多吉作为演讲嘉宾，也多次邀请我讲述其美多吉重大典型的挖掘与宣传，这使得“其美多吉雪线邮路”作为行业品牌更加深入人心，也更好地发挥了这一先进典型的引领带动作用，让人们深切地感受到：其美多吉先进事迹彰显的不仅是一个人的道德力量，更是一个群体、一种职业的道德追求；不仅是一代人的精神信仰，更是一个行业薪火相传、一脉相承的优良作风。“其美多吉雪线邮路”进一步弘扬了“两路”精神、交通精神，展现了新时代交通人的精神风貌。

我从内心深深感谢其美多吉和《中国交通报》，感谢为其美多吉典型宣传做出努力和贡献的所有人，也感谢这无比美好的“彼此成就”。

做专业的事，读专业的报

多少年来，我和我们雪线邮路的驾驶员们对《中国交通报》都有一份特殊的感情，读《中国交通报》总能找到家的归属感。作为雪线邮路上的一名老兵，及时把《中国交通报》送到读者手中，是我的天职。做专业的事，读专业的报，祝福《中国交通报》四十岁生日快乐，越办越好。

——其美多吉

探访小康路　见证交通情

中国交通报社公路中心（铁路中心）主任　卫　涛

▲2018年6月，记者卫涛（中）、马珊珊（左）在四川省阿坝州黑水县采访交通扶贫

四川小金县木栏村的村路“二环路”上，群众面带憧憬地介绍他们的土特产；蒙蒙细雨中的湘西十八洞村，苗族阿婆在一起拉家常，眉梢流露出幸福满足；云南高黎贡山独龙江公路隧道贯通，公路网连起千村万寨，独龙族“一跃跨千年”……

▲ 广东徐闻县盛产菠萝，当地公路修到田间地头（陈浩　摄）

“四好农村路”是习近平总书记亲自提出、亲自推动的重大民生工程、民心工程、德政工程。今年是习近平总书记首次作出“四好农村路”重要指示十周年。十年来，在交通运输部指导下，中国交通报社持续开展“小康路·交通情”重大主题采访活动，联合《人民日报》、新华社、中央广播电视总台等中央主流媒体，深入近30个省份，行程数十万公里，用一篇篇沾泥土、带露珠的新闻报道，绘就出一幅幅脱贫攻坚、乡村振兴的美丽画卷。

探访小康路，见证交通情。多年来，我和公路中心的同事们以及其他媒体同行们，数十次深入六盘山区、乌蒙山区、秦巴山区等曾经的集中连片特困地区，在深流大川上见证交通事业的蓬勃发展，在崇山峻岭间目睹交通人的默默奉献。我们一次一次深入田间地头、村舍民居，在泥土气息里捕捉乡村变迁，在乡音乡韵里感受群众心声。这些反映交通扶贫成就、乡村振兴风采的报道，记录了各地高质量推动“四好农村路”建设的生动实践，见证了“农民群众获得感、幸福感、安全感不断增强，农村公路成为老百姓家门口的致富路、幸福路、连心路、振兴路”。

行万里路 讲述“四好农村路”为了谁

2016年6月17日，“小康路·交通情”重大主采访活动媒体团，赴四川集中连片特困地区的马边县采访。时值盛夏酷暑，记者团长途奔波2000余公里，每天工作近14个小时。赶往马边的路上，记者团险些正面遭遇山体塌方，采访车队刚刚通过六七分钟，山体发生塌方，面积约300立方米，造成交通中断。后来回忆起这段经历，记者团成员都心有余悸，也更加真切地感受到常年奋战一线交通人的艰险和不易。

在“小康路·交通情”重大主题采访中，类似这样的经历还有不少。

十年来，交通运输行业牢记习近平总书记嘱托，累计投入车购税资金7461亿元，有效带动全社会投资4.2万亿元，新建改建农村公路250万公里。截至2023年年底，农村公路总里程达460万公里，全国具备条件的乡镇和建制村都通了硬化路、客车、邮政快递，农村“出行难”问题得到历史性解决。

“光看这些数据，很多人没有直观的概念。”多次承担“小康路·交通情”重大主题采访活动组织保障工作的同事马珊珊说：“我们到了现场，见到农村公路通到田间地头、沿线产业依路布局，见到交通人战严寒、斗酷暑，我才真正感受到当前成绩来之不易，真正体会到数据之外的震撼。记者的工作就是把这些数据背后的鲜活故事讲给大家听。”

为做好“小康路·交通情”重大主题采访活动，中国交通报社每年年初就制定采访计划，与各省（区、市）充分沟通，并实地勘察路线，确定详细采访行程、路线安排。采访启动后，各采编部门抽调精兵强将，一步一个脚印，认真记录公路助力乡村振兴的历史轨迹。

许多行业外的媒体记者至今还记得多年前采访的细节。

▲ 2018 年 6 月，“小康路·交通情”采访团在陕西省淳化县十里塬镇采访

“30岁出头的回族姑娘王霞身穿格子衫和米黄色的裤子，兴奋地向远处招手，身后是一辆白色的SUV，脚下是通向远方的火石寨水云公路。”回忆起2016年“小康路·交通情”重大主题采访活动，《第一财经日报》高级记者章轲还清晰记得当时的场景。他见证了一条路给王霞一家和当地带来的变化，深切地感受到，路的开通不仅改变了当地人的经济状况，更带来了生活方式和观念的转变。“‘小康路·交通情’重大主题采访活动成为中国交通报社的一个品牌，也是我们这些跑口记者观察经济社会巨变、了解交通运输事业发展的窗口。”章轲说。

“此前都是从数据上去体会我国农村公路取得的成就。”人民网首席记者乔雪峰表示，“2017年有幸参加中国交通报社组织的‘小康路·交通情’重大主题采访活动，目睹农村公路打破了区域隔绝、破除了地理屏障，连接起日新月异的城市和生机勃勃的乡村。这些经历也为我的笔端注入了浓厚的情感。”

据统计，中国交通报社联合各参与媒体充分利用融媒体平台，共刊发稿件超过300篇，重点稿件通过新媒体矩阵平台推送，阅读量累计超过3亿次。这些融媒体报道将鲜活的故事融进笔端，绘就幸福的画卷；把生动的场面纳入镜头，谱出感人的音符，有力展示了“四好农村路”发展、交通扶贫和乡村振兴工作成果。

“小康路·交通情”重大主题采访活动得到交通运输部党组高度评价，2020年部领导专门批示，肯定了“小康路·交通情”主题宣传工作的效果。

▲江西省宜春市奉新县赤岸至会埠县道（颜卫民　摄）

践行“四力” 专业团队大有可为

公路中心珍藏着3张“有故事的照片”。照片中的季节一冬一夏一秋，我的6位同事分别站在一位苗家阿婆左右。背景有的云雾缭绕，宛若仙境；有的旁边是平坦的农村公路，四周绿意盎然。照片中的阿婆名叫龙德成。2013年，习近平总书记来到十八洞村考察，就坐在她家的院坝上与村民们交谈，当时龙德成与她的老伴施成富一左一右坐在总书记身边。

采访中阿婆的一句话让同事们记忆深刻:“我这辈子最幸福的事就是有路有水有电，感觉心情愉快，越活越年轻了!”同事们看到，不时有游客来她家中参观，龙阿婆总是热情相待，俨然成了苗寨的“形象大使”。能与龙阿婆结下这段缘分、见证交通发展为龙阿婆和当地村民带来的变化，我们深感荣幸。

“脚下沾有多少泥土，心中就沉淀多少真情。”多次参与“小康路·交通情”重大主题采访的同事李家辉，见证了交通建设为许多地区发展带来翻天覆地的变化。他说，与乡亲同坐在一条板凳上交心，俯下身、沉下心采撷的一个个生动细节，让那些因路而富、因路而兴、因路而美的故事鲜活起来。

农民更富、农村更美、农业更强，我们见证、记录、传播。

“处处充满向上的力量。”回忆起“小康路·交通情”重大主题采访经历，同事张超群表示，“我去过的那些山乡，有些还很落后，当地为修通一条公路需要付出很多努力，但他们依然内心充满希望、脚下充满力量。”

“路通深山，串起失落明珠。农庄成景，土特产变成‘金疙瘩’。”2024年推动“四好农村路”高质量发展现场会召开期间，同事郭莹在浙江绍兴采访：“随处可见一条条或蜿蜒或笔直的沥青路，镶嵌在山间、依附在河岸，通达四方，串起了绿水青山，更编织出致富梦振兴梦。”

在此次现场会召开之前，习近平总书记再次就“四好农村路”作出重要指示，充分肯定了十年来农村公路发展成就，从党和国家事业全局高度，为新时代新征程推动“四好农村路”高质量发展指明了前进方向、提供了根本遵循、注入了强大动力。作为农村公路报道专业记者，我们深受鼓舞、倍感振奋。

结合新阶段工作的特点，我们将切实增强责任感、紧迫感、使命感，因地制宜、科学谋划，创新报道方式、优化表达体系、完善报道视角，消除专业化报道与普通受众之间的隔阂、拉近专业性内容与社会性话题之间的距离，提升“四好农村路”工作报道的政治高度、专业深度和民本温度，为乡村振兴战略的实施凝聚更多共识，提供更多智力支持与经验借鉴，扩大报道的社会影响力。我们坚信，“四好农村路”高质量发展的广阔天地中，《中国交通报》记者大有可为。

见证中国交通走向世界

中国交通报社运输中心主任　张　凡

中国交通报社运输中心副主任　郭一麟

▲ 张凡（前左二）、郭一麟（前左一）筹备项目会议

入职报社时，从未想过自己会与国际交流产生如此密切的联系。从编写案例、收集整理研究报告，到开展中外交流活动、组织国际会议，在与世界银行的合作中，运输中心国际合作团队不断磨合成长起来。

建设运营中国交通转型与创新知识平台，协办全球可持续交通高峰论坛全球脱碳战略与实践分论坛，组织国际研讨交流活动……伴随着中国交通的步伐，中国交通报社正走向世界，在更广阔的舞台上讲述“与世界相交 与时代相通”的中国交通故事。

做国际交流的使者

最早接触世界银行，是全球环境基金缓解大城市拥堵减少碳排放项目，TOD、智能交通、PPP、低碳出行、绿色货运……我们持续收集整理行业优秀实践和最新研究成果，邀请国内外专家交流研讨，面向行业开展知识交流。

▲ 全球交通脱碳战略与实践研讨会

随着合作的不断推进深化，中国交通转型与创新知识平台的关注领域从城市交通、货运物流，逐步延伸到公路铁路、港口水运等交通运输全领域，多个部门的同事也逐渐参与到项目工作之中。

2020 年 5 月，应世界银行之约，报社承办了“新冠肺炎疫情下交通运输服务保障”网络研讨会，首场关注如何在阻止疫情传播的同时保障基本物流服务。为了方便世界各国代表参会，会议从北京时间 20 时 30 分开始一直持续到 22 时 30 分，来自中国、美国、欧洲等国家和地区的 120 余位交通同行参会。

▲ 报社原党委书记蔡玉贺（右）采访世界银行专家任斌

这场特殊的会议，让我们深切地认识到，中国交通发展对于其他国家有着重要的借鉴意义，长期以来我们忽略了面向国际传播中国经验的重要意义。此后，除了面向国内做好知识交流外，面向国际传播中国交通发展经验，也成了中国交通转型与创新知识平台的重要工作内容。

从世界看中国

2021 年 6 月 6 日，世界银行全球基础设施实践部交通局副局长任斌（Binyam Reja）即将结束在中国近 10 年的工作之际，接受了报社时任党委书记、董事长蔡玉贺的专访。两位相交多年的好友，在两个多小时中，回顾了世界银行与中国 40 余年的合作，讲述了在华期间中国交通的巨大变化。

20 世纪 80 年代，世界银行开始为中国交通发展提供帮助。从港口到高速公路，再到铁路、城市交通和可持续交通发展，世界银行与中国交通的合作遍布各个领域。在 40 余年的合作中，世界银行为中国交通运输发展提供了大量资金支持，更带来了宝贵的技术发展经验，不仅支持了交通基础设施和规划研究的发展，也提升了项目管理和实施人员的能力水平。

“世界银行与中国的合作是与众不同的。”“中国交通行业正在步入一个令人激动的时期。期待不断看到更多来自中国交通的创新成就，并为世界造福。”在访谈的尾声，任斌对中国交通发展充满期待。中国交通运输的发展，正在激励着更多发展中国家开展基础设施建设，发展交通系统。中国交通运输的经验，将帮助到更多的国家。知识传播和经验交流成为合作开放的主流，中国交通报社也将在其中发挥更加重要的作用。

走向世界的中国交通

交通是经济的脉络和文明的纽带。随着中国交通快速发展，交通企业不断走向世界，从公路、铁路建设，到整车出口、港口运营，再到高铁标准输出，中国为全球交通运输发展贡献着越来越多的智慧和力量。2022 年，报社与世界银行正式签署中国—世界银行伙伴基金项目执行协议，中国交通转型与创新知识平台建设进入了一个新的阶段。

中国交通转型与创新知识平台定位逐步由面向国内、总结交通发展经验教训、引进其他国家先进经验，转向面向全球、总结和推广中国交通发展经验、促进全球交通运输系统可持续发展。

围绕新定位，中国交通转型与创新知识平台网站进行了全面升级：面向国际受众，将网站主页由中文切换为英文；针对研究需要，在整理交通运输部、国家铁路局、中国民用航空局、国家邮政局等部门公开发布的统计数据基础上，设计推出了数据库功能；围绕其他国家面临的交通运输发展重点问题，组织撰写小型知识产品，介绍中国案例和经验。

2023 年 9 月举办的全球可持续交通高峰论坛上，报社受邀作为协办单位参与组织全球脱碳战略与实践分论坛。这场汇聚了国内外资深专家、国际组织和企业的论坛，吸引了大量听众。会议室后方挤满了人，不时还有人从门口探头，寻找一个听会的位置。“多亏了你们提供支持，才能有这样成功的一场会议。”世界银行负责此次会议的高级交通专家高度评价了报社团队的专业能力和工作态度。

组织国际培训、打造中国交通品牌、开展国际知识传播……“与世界相交 与时代相通”，中国交通转型与创新知识平台将不断创新内容和形式，为走向世界的中国交通贡献力量。

讲好新时代的交通故事

中国交通报社文化与品牌中心副主任（主持工作）　李国栋

▲ 李国栋（右一）采访党的二十大代表、首发集团京沈分公司方秋子

2023 年年底，中华全国总工会举办“中国梦、劳动美”全国职工宣讲比赛活动，来自各行各业的上万名劳动者报名参加，经过层层选拔，最终有 14 名选手进入决赛。其中，交通运输行业有 6 名选手突出重围。对于熟悉中国交通报社系列文化品牌活动的人来说，决赛入围者其美多吉、常洪霞、陈传香

和王建生，这几个名字并不陌生。

活动银奖获得者、江苏交通控股有限公司沿江分公司陈传香给我发来消息："中国交通报社举办的宣讲活动让我收获很多，为我打下了坚实的基础，这次才能代表交通人取得比较理想的成绩，感谢交通报，感谢你！"

近年来，其美多吉、方秋了、农凤娟、常洪霞、刘冬梅、廖财莉、何少花、王争、王建生、陈传香……这些交通运输行业的优秀代表，在报社文化活动的舞台话心声、寄希望，成为"行业明星"。他们爱岗敬业、奉献人民的故事感染了交通运输行业，感动了社会各界。

交通运输行业的长足发展，创造了交通文化的丰富内涵。交通文化蕴含着交通人的精神与价值观，展示着交通人的形象及软实力，更凝聚着交通人的奋斗和梦想。近年来，中国交通社策划打造了文化品牌活动矩阵，选拔培养了多位优秀宣讲人才，他们也成为交通故事的精彩讲述者、交通声音的有力传播者。

我跟随中国交通报社文化活动的步伐一路前行，也成为交通文化发展的亲历者、见证者、参与者、实践者。

从一个培训班说起

2016年，我在报社通联部（培训中心）工作，部门每年举办两三期以交通新闻宣传为主题的培训班，每期报名200人左右。培训班上，有学员和我交流："我们基层不仅需要新闻宣传培训，文化建设、公文写作、舆情应对能力等更缺乏。"

“机会来了!”我把这个想法立即向时任通联部(培训中心)主任靳杨汇报，得到了她的支持。在听取全国十几个记者站站长意见和建议的基础上，向全行业发出了报社第一份交通运输文化品牌建设培训班招生通知。

报名阶段，咨询电话每天接连不断，超出以往任何一期培训班热度，报名还没截止，培训人数已达 400 人。培训场地的会议室，仅能容纳 200 人左右。为了让更多人能参加培训，我们撤掉所有课桌，仅留下椅子，腾出更大的空间。报名截止后，有的学员为参加培训，主动要求错时听课。学员住宿酒店增加到三个，参训人数达报社培训班史上最多。在此后的两年时间里，报社又举办了四期文化品牌建设培训班，同样备受关注。

拓展为一个活动

文化品牌建设培训班火爆的背后是数千万从业人员的交通运输行业对文化建设的需求。2017 年，党的十九大提出建设交通强国，赋予交通运输新时代的新使命。

“中国的路、中国的桥、中国的港口、中国的车都是走出国门的标志，而我们的交通故事少之又少，交通只会低头拉车，不注重抬头看路。”“交通强国建设，需要文化助力，需要打造平台，讲好交通故事，传播交通好声音，树立交通好形象，从而让社会了解交通、理解交通、支持交通发展。”这是行业文化工作者的忧思和心声。在报社原总编辑李咏梅的指导下，2019 年 2 月报社联合中国交通报刊协会启动“品牌助力

▲ 交通文化品牌展演

交通强国建设”首届交通运输优秀文化品牌推选展示活动，首届活动报名品牌达 218 个。

文化因交流而精彩，因互鉴而丰富。在活动“讲出你的品牌故事”环节，各品牌将朗诵、演讲、歌舞、小品、情景剧等艺术门类相结合，大胆探索和创新，节目形式极具感染力。首届活动吸引了党的十九大代表方秋子、陈维、农凤娟等报名，首次登上品牌舞台的北京公交集团驾驶员常洪霞，现如今已成长为党的二十大代表、全国劳模，第一次参加活动的何少花现已当选为十四届全国人大代表。

济南市交通综合执法支队代表参加活动后，激动地说：“从前看到公安、消防等系统在各种晚会、活动中讲述故事，我非常羡慕，现在我们终于有自己的平台讲述交通人的故事，让我们找到娘家了！感谢报社举办这样的活动！”

▲ “我是新时代交通人”好故事宣讲活动

打造为一个矩阵

2022 年，在党的二十大召开之际，我们延伸活动链条，丰富活动内容，成功举办了“我是新时代交通人”喜迎党的二十大、加快建设交通强国好故事宣讲活动。一经推出，反响强烈，首届宣讲活动有 784 个故事报名。

以文化品牌活动为开端，从单一活动成长为活动矩阵。报社延伸举办了文创产品征集、优秀文博馆推选展示、交通运输文化年会、交通运输文化品牌日、交通运输文化品牌建设与宣讲网络交流会（培训）等。这些活动既同出一源又各自精彩，既特色鲜明又相互赋能，经过精心策划、周密组织，让文化品牌的舞台越来越丰富，也越来越专业。

发展成一个部门

系列文化活动得到了报社领导班子的大力支持。2022 年 1 月，报社决定在培训中心加挂“文化品牌中心”，自此系列文化活动以文化品牌中心的名义开展工作。2023 年 1 月，报社决定成立“交通文化品牌中心”，作为一个部门单独运营，部门人员增加到 5 人。业务范畴不仅包括开展文化活动，还承担报纸版面策划编辑、文化品牌体系规划设计，以及文化建设培训等工作。这一年部门中心工作各项指标出色完成，获评“优秀部门”。

▲ 常洪霞驾驶的北京公交大 1 路“中国红”纯电动公交车扮靓长安街
（北京市交通委员会　提供）

2024 年 1 月，报社决定将“文化品牌中心”更名为“文化与品牌中心”，部门工作范畴进一步扩大，包括但不限于报纸责任版面编辑出版、文化品牌策划、商业品牌规划，同时还承担着行业交通好故事挖掘、重大典型推树、宣讲指导、文创产品孵化与推广等专项服务等，部门人员编制增加至 10 人。经过半年的运行，各项工作开创性发展，行业知名度不断提升。

感恩时代发展的机遇，感谢各级领导和报社同仁的关心关爱以及行业各方的支持信任。我们将植根行业，搭建更广的平台，拓宽活动的边界，去见证交通运输文化的发展、蓬勃、繁荣。期待报社的活动平台涵养出更多交通好故事，为奋力加快建设交通强国、努力当好中国式现代化的开路先锋鼓与呼。

我的公交我的城：从公交窗口看城市发展

中国交通报社运输中心副主任　闫新亮
中国交通报社运输中心编辑　王慧欣

▲ 闫新亮（左）采访临汾公交优质服务

“公交是我们城市的骄傲。公交司机的微笑不仅温暖了车厢，也点亮了一座城。”在由交通运输部主办、中国交通报社承办的“我的公交我的城”重大主题宣传活动落地城市，我们不止一次听到市民乘客这样的声音。

“我的公交我的城”重大主题宣传活动自2016年策划落地以来，到2024年，已经组织媒体采访团先后走进33座城市。从起初的一条线路多座城市“接驳式”采访到后来的“一城一主题”沉浸式探访，从单一公交采访到如今的“公交＋文旅”“公交＋城市”全面宣传展示，从地方公交行业宣传活动到全国公交行业发展经验交流平台……8年来，活动落地形式持续创新，在公共交通领域产生极大影响力，由数十家中央及地方媒体组成的采访团，从民生、城市和行业各个角度开展采访报道，全方位展现城市风采。

扎根行业，8年与33座城市结缘

2016年6月28日，“我的公交我的城”重大主题宣传活动首次在河南许昌启动，而后组织媒体采访团按中线、东南线、北线三条线路，采访了武汉、长沙、凯里、南京、哈尔滨、曲阜等12座城市。2017年，媒体采访团前往北京顺义、青岛、蚌埠实地采访。2018年，活动分东线、西线、北线三条线路，走进了嘉兴、杭州、西安、遵义、石家庄、大连等10座城市。2019年，采访团行进重庆、临汾。2021年，活动落地菏泽、驻马店。2023年，活动继续走进绍兴、北京、滨州3座城市。2024年，活动首站在沧州启动。

回首过往8年在33个落地城市组织活动的一幕幕，十分感慨。我们见证了媒体采访团以走南闯北、无惧风雨的职业精神，采写不同角度、见解独到的深度报道，也见证了各地公共交通行业服务群众、助力城市发展的精彩蝶变。随着“我的公交我的城”活动影响力不断扩大，每年报名城市从最初的几个、十几个到如今的几十个，引导力、公信力越来越强。

8 年来，“我的公交我的城”作为专注公共交通领域的重大主题宣传活动，在延续核心主题的同时，内涵不断拓展延伸。从 2019 年起，活动在前 3 年传播经验及模式基础上，进一步拓展传播深度和广度，加强策划，创新手段。

一方面构建立体传播矩阵，由交通运输部新闻办公室重点邀请《人民日报》、新华社、中央广播电视总台、《光明日报》等中央媒体的骨干记者参与报道采访；落地城市政府部门邀请省市主流媒体资源；落地城市公共交通企业细化工作方案，精选采访地点，梳理相关材料。

另一方面，提前策划、提高报道效果，联合落地城市承办单位共同策划传播报道方案。在每一座城市的活动中，媒体采访团认真投入每个采访环节，仔细观摩、深入体验，从经济、交通、民生等多个视角，运用多媒体手段，报道了一批城市公共交通发展典型经验，也宣传了一批扎根行业、服务百姓的先进人物。

形式创新，一城一主题亮点鲜明

“我的公交我的城”媒体采访团，每到一座城市，主要行程分为媒体座谈会和实地采访两项。媒体座谈会一般由当地交通运输主管部门组织，邀请当地政府及平行主管单位部门负责人参与，由东道主方全面介绍当地公共交通发展亮点、城市发展成就等，媒体记者现场提问互动。在实地采访环节，针对当地发展亮点，媒体团深入基层一线，如公交车厢、交通枢纽、换乘中心、村镇等，开展现场采访。

“记得第一次参加‘我的公交我的城’活动时，每座城市的采访安排都特别满，一条线采访下来，记者需要辗转几个城市，每天早出晚归前往数十个采访点，晚上还要加班加点赶稿件。而现在，一次采访只深入一座城市，我们采访时间更充足，报道更有深度。”一位参与了 2018 年、2023 年两次主题活动采访的媒体记者说。

▲ 重庆立体交通格局（重庆市交通委员会　供图）

2019年起，“我的公交我的城”活动在落地城市选择、活动形式上进行优化，采取“一个城市一条线”模式，对每一城市进行2至4天集中采访，使活动落地更充分、活动成果更丰富。各站活动首日，在落地城市中心广场等地标性、代表性场所举办启动仪式，交通运输部相关司局以及落地城市所在省级交通运输管理部门、地市主管部门负责人出席，行业从业人员参与，媒体采访团进行集中采访。同时进一步丰富采访议题，围绕“我的公交”“我的城”两条主线，结合各地发展特色，提前精心设置好城市公交、轨道交通、出租汽车、城乡城际公交、交旅融合、“交通＋城市”等议题，确保每座城市亮点鲜明，实现了“一城一主题”，使中央、地方、行业等媒体各取所需、各有收获。

搭建平台，公交行业互学互鉴

回首“我的公交我的城”8年历程，每一座城市从报名、踩点考察、前期筹备，再到组织落地，我们都要反复沟通。每到一地，从地方政府到交通、发展改革、财政、国土、公安等政府管理部门，从公交、地铁运营企业到一线从业者、普通市民，方方面面都积极推介和展示城市公共交通发展成果。

“近年来，公交行业发展遇到了客流下滑、出行需求变化等挑战，我们特别需要进行行业内经验交流，感谢‘我的公交我的城’活动为我们搭建了一个这样的平台。很多公交企业借助活动交流机会，从公交运营、服务优化、企业管理等角度开展了‘挂职式’交叉学习。”多名参加过“我的公交我的城”公交发展经验交流会的公交企业负责人说。

近年来，“我的公交我的城”活动创新组织模式，坚持高水平、深度有效的交流，通过举办公交大讲堂、公交发展经验交流会，开展“新能源公交高品质线路”推选宣传、新时代“公交榜样”推选宣传等，为全国公交运营企业提供了展示、交流、学习的契机与平台。其中，“新能源公交高品质线路”推选宣传展示活动颇受欢迎，每年报名线路覆盖30个省份、100多座城市，呈现了不同地域、经济、政策条件下新能源公交运营的优秀案例，分享了当前各地推广应用新能源公交车的前沿成果。

“我的公交我的城”活动开展以来，《人民日报》、新华社、中央广播电视总台、《光明日报》《经济日报》《工人日报》等数十家中央及地方媒体对活动进行了全方位、多角度深度报道。在新媒体端，各大媒体及时快速跟进，截至目前，微博话题#我的公交我的城#阅读次数已达1.6亿。一大批贴近基层、贴近民生、贴近群众的融媒体报道，增强了全社会对公交优先、绿色出行的认同和共识。

2024年，正值我报创刊40周年。“我的公交我的城”活动将继续行进，持续见证《中国交通报》作为全国交通运输行业新闻宣传舆论引导的主渠道、主阵地、主力军，始终坚定立足交通、根植行业、服务社会，营造社会各界了解交通、理解交通、支持交通、共建交通的浓厚氛围。

发挥行业报在重大宣传中的关键作用

中国交通报社湖北记者站原站长　柯营之

▲ 柯营之在采访中

《中国交通报》是行业大报。讲好交通故事，发掘先进典型，在宣传引导和组织策划中发挥关键作用，让榜样的力量发扬光大，是中国交通报社典型报道团队 40 年的不懈追求。

2005 年至 2006 年，湖北省交通规划设计院工程师陈刚毅先进事迹的推出，是中国交通报社精心组织策划，倾力打造的一次难忘实践。在交通部体法司指导下、湖北省交通厅党组大力协助下，陈刚毅先进典型事迹从交通行业走向全国。

飘扬在高原上的洁白哈达

西藏芒康角笼坝大桥是原交通部全资援建项目，委托湖北交通规划设计院承建。陈刚毅是这个项目的法人代表。此前他还参加了湖北援建西藏山南地区湖北大道项目建设。在西藏，陈刚毅工作了 4 年 8 个月。

在角笼坝大桥项目建设的关键时期，陈刚毅身患肠癌，大肠剪掉 15 厘米。医生叮嘱：术后要经历药物反应、饮食消化、化疗伤害三大风险。但他仍心系热爱的事业，在 7 次化疗的短暂间隙期，4 次返回西藏坚守岗位，与癌魔顽强博弈，燃烧生命，无所畏惧，可歌可泣。

2005 年 7 月，湖北省交通厅厅长林志慧的安排下，《湖北交通报》记者远赴西藏采访，获得施工一线鲜活素材，刊发了通讯《飘扬在高原上的洁白哈达》。

稿件见报后，引起省内交通系统干部职工广泛关注，厅机关党办及时举行陈刚毅事迹报告会。中国交通报社湖北记者站立即向报社汇报希望深入跟踪报道，时任总编辑杜迈驰在电话中充分肯定、话语坚定。

2005 年 8 月，中国交通报社湖北记者站和《湖北交通报》记者第二次进藏，再挖掘再提炼陈刚毅事迹。我们拟定了陈刚毅事迹的线索提纲，为下一步联络社会媒体参与开展集中宣传、形成强大舆论阵势、塑造先进典型做准备。

2005 年 10 月 13 日,《中国交通报》记者刘旭波从北京出发，我带《湖北日报》记者赶赴机场。8 小时内两次转机飞行 3000 多公里，完成武汉 300 米到云南德钦 3100 米的海拔跨越。当晚我们就投入采访工作，对陈刚毅的同事、角笼坝大桥总监黄昭国开展了 3 个小时的采访。在熬过艰难高原反应第一夜后，第二天我们沿滇藏公路的茶马古道继续西行，跨金沙江、澜沧江，翻梅里雪山、白马雪山，路上弯弯绕绕、飞沙走石，肚肠翻江倒海熬到芒康的工地。

随后的两天，在工地采访芒康县县长登山、昌都市交通局局长泽洛、大桥施工单位代表和藏族同胞等 10 余人。在藏期间，我们对采访素材进行了认真推敲，提炼了共产党员建桥英

▲ 角龙坝大桥（一）（孙妍　摄）

雄的框架结构，确立岗位守责、燃烧生命的主题定位。我们从西藏高原、施工环境、癌症病魔、事业成长几个方面背景入手，进行收集、挖掘、提炼。据统计，采访对象近 30 人，现场录音 4 个多小时，采访文字 3 万多字。我们精细打磨稿件，先后在《中国交通报》刊发系列报道 5 篇，在《湖北日报》发表系列报道 6 篇，在《湖北交通报》刊发 8 篇，并编辑了两本介绍陈刚毅事迹的宣传册。

▲ 角龙坝大桥（二）（孙妍　摄）

由此，陈刚毅的事迹在省内和全国交通系统迅速传播，原交通部和湖北省委、省政府领导相继作出批示，亲切接见了陈刚毅。记者站还精心撰写了事迹报告会演讲稿，报告会在湖北省直机关厅局单位和交通部门巡回开展。

先进典型深入到了全省交通行业，我们没有满足于此，而是要争取更多的社会媒体关注交通。2005 年 10 月以后，我们以湖北省新闻协会交通专业委员会的名义，邀请中央在汉和省内新闻媒体跑交通口的记者来到厅里，向他们介绍陈刚毅先进事迹。当时正在开展保持共产党员先进性教育活动，省内 10 余家平面和网络媒体发表陈刚毅事迹报道 60 余篇。

跨出行业成为全国重大先进典型

在对陈刚毅的宣传已推到了一个高度后，如何让他的事迹跨出行业、走向社会，成为全国的先进典型？我开始尝试扩展向上延伸的媒体渠道，在引起高层的“特别关注”上寻找突破口。

2005 年 11 月，我专门邀请新华社湖北分社记者高友清商谈扩大宣传事宜。我提出将现有的稿件做基础资料，安排他独家采访陈刚毅及其妻子等人，争取一周内能够编辑成新华社稿件。他全力支持。几天后，在省交通厅 9 楼的记者站办公室，我们将仔细打磨的稿件传给新华社湖北分社领导。

不久，有关领导对陈刚毅的事迹报道作出批示。随后，中宣部、交通部、湖北省委宣传部都策划宣传方案，大规模宣传活动正式拉开了序幕。在确立陈刚毅为全国先进典型后，中宣部新闻局、交通部体法司联合组织中央新闻媒体对陈刚毅事迹进行一次大规模集中采访报道。

2006 年 4 月 3 日，由 21 家央媒和地方新闻机构共 50 多人组成的采访团齐聚武汉。当日，湖北省委召开陈刚毅事迹通气会，时任中宣部新闻局副局长刘汉俊作采访动员。会后记者实地采访了陈刚毅母校和农村老家，然后飞赴昆明转乘汽车进藏。安排采访团行程、协调采访、介绍情况……我全力为采访团做好服务，确保了采访顺利圆满。

不久后，《人民日报》、中央电视台、《中国交通报》等 20 多家主流媒体连续数天集中报道陈刚毅的先进事迹。2006 年 5 月 29 日，陈刚毅先进事迹报告会在北京人民大会堂隆重举行。陈刚毅从交通系统的先进典型成为了全国的重大典型。时任中央政治局常委、国家副主席曾庆红指出，陈刚毅是践行“三个代表”重要思想、落实科学发展观、体现共产党员先进性的模范，是全国交通系统工程技术人员的楷模。

▲ 陈刚毅在角龙坝大桥工程现场

在中宣部学习出版社编辑的《陈刚毅时代先锋》采访手记中，我写道：两次进藏，第一次是做行业报记者，面对英雄主人翁。第二次是做工作人员，面对记者搞好后勤服务。身份虽不同，相同的是责任；我感受到了为媒体记者服务相互尊重与快乐，也体验到了做行业报记者面对大山、挑战缺氧、飞驰在砂石路上的那份艰辛。

中国交通报 2006年6月26日 星期一

交通行业精神文明建设

湖北篇

特3

快乐在岗位上
生命在事业中
使命高于一切
责任重于泰山
——陈刚毅

陈刚毅工作业绩

特别报道

陈刚毅从这里走来……

荆楚大地学刚毅

湖北篇

▲ 陈刚毅事迹报道

陈刚毅同志先进事迹宣传活动展开以来，中国交通报社高起点、高标准地做了系列报道，开辟专栏，发表评论，拿出了大量版面，确保了陈刚毅事迹宣传的深度和频率，真正做到了交通行业宣传让交通部领导、省厅领导、交通职工“三个满意”。陈刚毅宣传活动的开展，也是中国交通报社制定的记者站工作“三个机制”在实践中发挥重大作用的体现。有报社领导的坚强支持与信任，记者站才能认真大胆地履行职责。

融合

提升新闻舆论「四力」

一件轰动的“好人好事”
一次特殊的舆情应对

——吴斌事迹宣传报道回望及启示

中国交通报社驻浙江首席记者　贾刚为

▲ 贾刚为

今年是我所服务的《中国交通报》创刊四十周年。而我从2002年6月调入《中国交通报》当记者算起，从事驻地记者已经历了22个春夏秋冬。回首往事，一些颇有意义的采访活

动还留有印象，但较为难忘的是报道吴斌的采访，原因是这是一次十分特殊的采访活动。

说这次采访特殊，首先是时间之长是少有的，前后采访时间历时一月有余。其次是报道的事件和对象特殊，央媒和浙江省媒、杭州市媒首次对一位救人的交通汽车驾驶员进行连续的深度报道，这是绝无仅有的一次，引起国内轰动，成为全国舆论极为关注的新闻事件。再次是采访方式特殊，因为采访的是一位已经离世的客车驾驶员。

找出有些泛黄的旧报纸，翻阅 12 年前采写的旧稿，那些文字虽然没有瑰丽的文采，但字里行间都透着触手可及的沉重气息。想起那些没日没夜、马不停蹄、像不知疲倦在转的陀螺似的日子，我的内心不由得充满了深深的怀念。

一

事情要从 2012 年 6 月 1 日说起。那天上午，浙江记者站（以下简称“记者站”）一位记者拿来一则简讯稿，200 余字，说是杭州长运公司通讯员发来的稿子，司机为了救乘客受重伤，因抢救无效去世。我看了稿子，说太简单，再去了解一下详情。

当晚，央视新闻联播播发了这件“好人好事”。

我意识到这不是简单的一件“好人好事”。

翌日 6 月 2 日，我决定进行实地采访。首先来到杭州长运公司，在采访的过程中却遇到了一些“阻力”；我通过外围采访，通过吴斌所在的杭州长运客运二公司的经理和同事，了解到吴斌是怎样的一位司机，经理说吴斌已安全行驶了100多万公里，从未发生交通事故，也从没有过交通违章，更未接到过旅客投诉；同事说对吴斌强壮的体格印象深刻，吴斌喜欢健身，车上都带着哑铃，有空的时候就拿起来练几下，这次他能在遭受重击后救下一车人，很可能得益于此，稍微瘦小点的人，肯定当场就不行了。随后找到处理现场事故的交警，了解事件原因，交警说："一般情况下，客车紧急制动，车辆会失去控制，乘客碰伤或撞伤，而这辆大巴没有一名乘客受伤。"我赶往抢救吴斌的医院，采访主治医生，了解抢救过程，医生说："如果不是他意志坚强，根本做不到这些。"

接着，又马不停蹄，赶往吴斌的家，老小区内他家所在的单元楼下，已经临时搭建了一个悼念棚，棚内已摆满了花圈。24名乘客中的一位66岁的孙锡南特地赶到杭州送别吴斌，哽咽着说："我们总算找到恩人了，如果不是他处置得好，很可能发生车毁人亡的惨剧。吴师傅，我们不会忘记你，车上所有乘客都会记住你的。"

我走进吴斌的家，2室1厅，60平方米左右，吴斌的妻子汪丽珍守在盖着白布的遗体旁，喃喃自语："以后再也没有机会和他一起旅行、看电影了"，伤心欲绝的她，不断念叨着丈夫答应她却来不及兑现的承诺。

汪丽珍的妹妹汪丽敏告诉我说，姐姐结婚18年来，姐夫从未带姐姐去外地玩，节假日，姐夫总是在加班。

吴斌的姐姐吴冰心告诉我说："我弟弟这一生都很平凡，在最后一刻却做了最伟大的事。"

采访了相关的人，又得到了消息。时任浙江省委常委、杭州市委书记黄坤明作出重要批示：吴斌同志在危急时刻用生命履行了职责，为我们树立了坚守岗位、舍己为人的光辉榜样。同时，杭州市决定授予吴斌同志杭州市道德模范（平民英雄）荣誉称号。

我向浙江省交通运输厅分管宣传的领导汇报吴斌的情况。时任厅党组书记、厅长郭剑彪（在中央党校学习）作出批示：平凡岗位，职业行为，交通骄傲，弘扬光大。

采访与了解至此，我明白此稿意义重大，必须马上赶写此稿。连午饭、晚饭也顾不上吃的我，赶回办公室，当晚开始梳理采访笔记和图片。

6 月 3 日是星期天。上午我一边写稿一边向报社李咏梅总编辑汇报关于吴斌的采访情况，李总编立即决定，要求我抓紧完稿，下午 3 点报社相关主编、编辑等所有人员到位，换 6 月 4 日的“头版头条”。我顿感“亚历山大”，慌乱中，敲错了电脑键盘的“键”，即将完成的稿子瞬间消失得一干二净，面对如白纸的电脑屏幕，我的脑子一片空白。居然没保存！

报社主编、编辑的电话打来，我才缓过神来。强迫自己，时间紧迫，赶紧重写。时针飞至下午 3 点，我亦正好赶写好此稿，发送至报社。似乎松了口气，惊讶自己从未有过的打字速度，简直就是“飞速”地敲打键盘，一边写一边不忘保存。然也小有遗憾，倾注饱满的感情写的报道开头，第二稿写，再也写不到第一稿的份上了。

浙江省交通运输厅党组副书记、副厅长徐纪平 6 月 3 日下午代表省厅看望慰问吴斌家属，并称吴斌为“旅客群众的好司机，交通行业的好职工，司机朋友的好榜样。”这个最新的动态信息，幸好在下午 3 点前得到，亦及时地加入文章之中。

当然，此稿的见报，总社李咏梅总编辑、值班编委孙宝夫、编辑林芬等，花费了巨大的心血，她（他）们精心修改、细心编稿、提炼升华，还配发了本报评论员文章《最美司机 行业楷模》，使得此稿见报以后，影响深远。

二

这篇题为《76 秒，他用生命诠释责任——平民英雄、杭州长运驾驶员吴斌感动中国》的长篇人物通讯，有幸被评为 2012 年度第 23 届“中国新闻奖”三等奖，也是全国数十家纸媒中就此主题唯一获奖的作品（电视系列“最美司机”吴斌，杭州文化广播电视集团荣获“中国新闻奖”一等奖）。我当然清楚，不是我报道写得怎么样，而是报社总编辑、主编、编辑用心修改完善的结果，是主人公的事迹感染了读者。此稿刊登后，交通运输部开会、浙江省委开会，都送了这份报纸到会议室领导们的面前。吴斌追悼会的现场，唯一向前来送别吴斌的社会群众分发的报纸就是这份《中国交通报》。后续，记者站全体人员参与到吴斌的系列报道中来，报社派“高手”来浙江，继续吴斌事迹的报道，挖掘其背后的故事和延续的交通精神。

这是一次终生难忘的采访，让我受益无穷。直到今天，许多年轻记者问我采访的诀窍，我说，第一是做记者要具备一种职业的新闻敏感，能捕捉到有价值的线索；第二是七分采、三分写，脚板底下出新闻，采访要全面、深入、到位，全身心投入生活的底层，一定要去现场，才能掌握丰富多彩的第一手资料；第三是好稿要举全报社之力，才能得以获此殊荣。作为从事新闻工作近三十年的记者，我的体会是必须切实增强脚力、眼力、脑力、笔力，这“四力”是当好记者的准则，此稿的获奖，正是我践行和体现“四力”要求的结果与具体写照。

中国交通报

1版

宁夏公共交通车辆车船税免征5年

河南新乡全力建设公交都市

76秒，他用生命诠释责任

——平民英雄、杭州长运驾驶员吴斌感动中国

长江干线重庆段年内开建数字航道

山西清理交通工程资质违规

重点抽查“零问题”单位

最美司机 行业楷模

招标公告

万里路桥

▲ 2012年6月4日版面图

以非常之举应对非常之事

——新冠疫情期间办报记事

中国交通报社编委、总编室（融媒体中心）副主任　王珍珍

历时三年多的新冠疫情防控已经成为历史，其间种种“惊心动魄”的记忆已随时间流逝而褪色，但细细搜寻，那段攻坚克难办报的记忆仍历历在目。时值《中国交通报》创刊 40 周年，是以为记。

闻令即动　冲锋在前

2020 年伊始，新冠疫情突如其来。

1 月 21 日，交通运输部启动应急响应，报社闻令即动，迅速投入应急宣传报道工作。1 月 25 日（大年初一），报社成立防控工作领导小组，同时紧急成立驻部应急新闻报道小组，负责春节期间驻部应急报道工作。小组每天由三名同志组成，报社指派一名中层或业务骨干担任组长（他们是林芬、闫新亮、王姗姗、慕顺宗、王珍珍、韩杰、毛剑、卢锐）。春节期间，共有 25 人次先后到部值班值守，第一时间传递部党组声音。

1 月 28 日 9 时 40 分许，刚刚主持召开完春节值班例会的交通运输部党组书记杨传堂，看望了应急新闻报道小组，对报道小组的工作给予充分肯定，勉励大家再接再厉为行业疫情防控加油鼓劲、鼓舞士气、增强信心。

为及时获取地方信息，报社发挥覆盖全国的记者站、通讯员网络优势，于 1 月 26 日（大年初二）成立“记者站防控发稿群”微信群。打破部门版面之分，实时沟通各取所需，通过这一平台，驻地记者、通讯员可第一时间将各地交通运输主管部门贯彻落实党中央、部党组相关政策部署的举措，结合当地实际出台的措施，交通人坚守一线的工作纪实、感人事迹等发至群中，报社各采编部门编辑或即时收稿在新媒体平台发布、或发现新闻线索进一步跟进采访。

2 月 1 日起，为及时传达行业疫情防控政策，广泛报道各地落实措施成效，《中国交通报》出版频次和数量不减反增，由“周五刊”临时调整为“日报”出版。在变幻不定的疫情形势下，在部分采编人员受疫情影响无法到岗的现实情况下，出版任务压力空前巨大。报社全体人员发扬同舟共济、守望相助的精神，克服重重困难，保质保量完成出版任务。

据统计，2020 年 2 月 1 日至 4 月 17 日，《中国交通报》比往年同期多出版 23 期报纸。《一线战“疫”》《交通抗疫英雄谱》《党旗飘扬在一线》《抓落实　助纾困》《复工复产交通先行》……这些具有鲜明时代烙印的栏目，在大疫面前发挥了强信心、暖人心、聚民心的作用；《我们全力以赴，一定能扛过去》《你救人　我送你！》《我们的“站”，我们的“战”》《两天

中国交通报
CHINA TRANSPORT NEWS

交通运输部门免收拒离武汉退票手续费

李小鹏主持召开部务会，强调

启动Ⅱ级应急响应全力做好疫情联防联控工作

交通运输部印发紧急通知

与卫健等部门密切协作 遏制疫情蔓延势头

部直属机关召开工作交流座谈会

加强互鉴共同提高 推进模范机关建设

走好高质量路子 建设美丽新宁夏

挑灯夜战优化更新ETC软件

▲ 报社第一时间启动应急报道

中国交通报
CHINA TRANSPORT NEWS

打赢疫情防控阻击战

疫情防控 铁肩道义
保通保畅 使命必达

交通运输部坚决贯彻落实习近平总书记重要指示精神

同舟共济坚决阻击疫情
科学施策贡献交通力量

一手科学防疫情 一手统筹保运输

厦航两架包机接199名滞留海外湖北籍同胞返汉

我们接你回家，武汉加油！

交通运输部部署当前疫情防控形势下公路保通保畅工作

有条件的服务区可配合设置留观室和隔离区

▲《中国交通报》由“周五刊”临时调整为“日报”出版

两夜，我送救命物资进武汉》……这些有深度、有温度的报道，感动了无数读者。

2月6日下午，受杨传堂书记、李小鹏部长委托，刘小明副部长来到报社看望慰问奋战在疫情防控宣传报道一线的采编人员，充分肯定了报社疫情防控宣传报道和舆论引导工作。

与时俱进　三修预案

2021年，新冠疫情防控进入常态化。在梳理总结前一阶段工作经验基础上，为了更好地做好特殊时期新闻宣传工作，1 月 29 日，报社印发了《中国交通报社有限公司特殊时期应急报道方案》，后附《疫情期间采编出报工作应急预案》(以下简称“《预案》”)。《预案》针对报社主要办公场所外运大厦(朝阳区安定路 5 号院)出现确诊病例的可能情况，初步设计了线上编前会，远程编辑、大样审核，设立应急出报点三项应对举措。

位于朝阳区安华西里二区 13 号楼 202 室的视频编辑机房被改造为临时排版车间(南楼应急出报点)，编辑和排版员在这里可以完成排版、大样打印、传版等工作，值班编委现场审签大样。紧急情况下，南楼应急出报点可作为 24 小时封闭式工作环境使用。

2022 年 3 月，随着北京进一步进入全面防控状态，报社对《预案》进行修订，发布了《疫情期间采编出报工作应急预案(第二版)》，进一步细化了外运大厦封楼、无法现场办公时各出报环节的操作方案。经过再次现场测试，南楼应急出报点完全具备出报的现实条件，可随时启用。

2022 年 5 月，随着疫情形势进一步严峻，报社再次对《疫情期间采编出报工作应急预案(第二版)》进行修订，发布了《疫情期间采编出报工作应急预案(第三版)》。5 月 5 日，新媒体中心赵冬生、王佳乐紧急对外运大厦、南楼应急出报点的排版电脑进行升级，使其具备 VPN 远程排版、传版功能。同时，为每位排版员配置具备排版功能的笔记本电脑，居家办公可随时启用。排版员每天上下班携带“加密狗”，以备不时之需。

从5月10日到6月初，近一个月时间里，基于外运大厦限制到岗人数、大部分编辑居家办公轮流到岗的现状，报社试点外运大厦+南楼应急出报点+线上排版清样。其间，总编室负责制定每周出版计划，协调安排每天出报人员。

此阶段的出报流程是这样的：进外运大厦上班需提前报批，因每天有不同的人数限额，需在前一晚确定第二天到岗人员，超额人员需分流至南楼应急出报点。

清样当日，召开线上编前会，采编部门通过“腾讯会议”线上报稿，值班编委线上点评。因没有场地限制，线上编前会参与人数远超以往线下编前会，日均30余人参会。

编前会后，当天负责清样工作的编辑按照既定计划在外运大厦或南楼应急出报点走清样流程，两处都有值班编委和排版员，分工合作、互相补位，在非常时期保证了报纸正常出版。

这次既是“演练”，也是“实战”，将之前《预案》所设计的各种方案逐一试验，所有参与人员的适应能力以及最终所呈现的效果，无不反映出报社是一支“能战善战”的队伍。

迎难而上　殊为不易

2022年11月起，随着“二十条”到“新十条”措施陆续出台，疫情防控进入新阶段，报社开始出现感染病例，远程排版、清样、传版工作迫在眉睫。

11月21日，排版员在技术人员的指导下反复测试远程排版系统，确认外运大厦、南楼应急出报点以及排版员家中电脑都已具备远程排版功能。此时，排版员即使居家办公，也可远程控制外运大厦或南楼应急出报点电脑，完成排版、改版、传版等工作。这保证了即使外运大厦、南楼应急出报点封闭，只要电源、网络畅通，采编人员、排版员都在居家状态下，仍然可以正常出报。

11 月底至 12 月初的一周，形势更为严峻，外运大厦实施封闭管理，全员远程出报正式开始运行。线上编前会后，各版编辑提前将所画版式图通过微信传给排版员，指导排版员远程排版；排版工作完成后，编辑将版面电子版分传至主编、主任、值班编委，各环节把关人员提出修改意见；编辑汇总多方修改意见后，通过微信截图等方式反馈给排版员；排版员修改完成后，编辑在电子版上完成点校，分送主编、主任确认，最后在线送值班编委签样；待所有版面清样后，排版员完成传版工作。

值得一提的是，11 月 30 日，江泽民同志逝世，此后一周，相关报道的时效性准确性要求很高，等待转发新华社通稿常常要到深夜，这一周又恰逢远程排版清样，双重压力与困难，可想而知。

12 月 7 日，随着外运大厦不再限制到岗率，出报工作部分环节渐渐恢复至线下，但在采编人员大面积感染、居家办公的现状下，远程排版仍然发挥了重要作用。车间排版员仅张海霞一人未感染，持续到岗工作，高秀华、宫卿、张涵居家期间带病完成排版工作。这段时间，多家报刊单位因疫情影响或停刊或减版，报社通过提前部署、积极应对，迎难而上、攻坚克难，保证了报纸的正常出版。

随着疫情防控逐渐转向平稳，报社各项工作也逐渐恢复正常。但是这期间的一些好的做法保留了下来，例如线下编前会重启后，线上编前会一直与之并存，直到2023年10月才停止。车间有一台电脑长期在线，版上有需要小修小改的内容，排版员和编辑无须立即返回报社，远程控制即可解决问题。

不止于此，总结三年多疫情期间办报经验，报社于2023年11月24日印发了《中国交通报社有限公司新闻宣传应急预案》，用以规范突发事件下新闻宣传各项工作，进一步提高处置突发事件能力。

事非经过不知难，成如容易却艰辛。回望三年多的抗疫办报历程，疫情形势的变化、防控政策的调整，牵动着每一位参与办报人的神经。报社以非常之举应对非常之事，以攻坚克难的勇气、以变应变的智慧、勠力同心的担当，有效应对疫情形势的不确定性，圆满完成了这份特殊的答卷，殊为不易！

“好生活”欣欣向“融”

中国交通报社总编室（融媒体中心）
一级资深编辑/记者　连　萌

▲ 连萌

这是意料之中又意料之外的成功。

中国网、光明日报、人民日报客户端争相转载，学习强国专题推荐；

图文稿件全网转发；

锁定中宣部及中央网信办等多个奖项……

2019 年至今，“好生活在路上”融媒体宣传活动持续推进，捷报频传，社会各界纷纷热议，活动取得空前成功，不仅打造出现象级 IP，报社探索媒体深度融合发展之路也迎来了“好生活”。

能参与到部级重大主题宣传活动中，何其有幸！“好生活在路上”四川篇我全程参与策划和组织，新疆篇负责稿件宣发与推荐，能够亲眼见证“奇迹”的发生多么幸运。

两次入川，何其艰辛！两次大规模发动省市县提供采访素材并逐一采访，实拍实带领团队兵分四路与采访对象同吃同住同劳作，克服各种突发情况及高原反应。

四川篇行程 6000 公里，何其难忘！一路上遇到了太多“可爱”的人，正是因为强烈的责任感让他们坚守岗位服务百姓。

紧盯基层看变化

2020 年是我国全面建成小康社会的收官年，中央主流媒体都在创新形式开展全媒体联动报道。如何把大主题分解为一个个普通人的拼搏故事，既展示四川交通扶贫崭新面貌，又能体现交通运输行业坚决打赢脱贫攻坚战，为决胜全面建成小康社会当好先行作出的努力？ 2019 年年初，“好生活在路上”融媒体宣传活动应运而生。

经多次与交通运输部政研室、扶贫办、公路局汇报请示，与四川省交通运输厅积极协调，根据交通运输部重大主题宣传活动安排，2019 年 6 月，报社联合国广东方网络（北京）有限公司，以交通运输部在四川省阿坝藏族羌族自治州、甘孜藏族自治州定点扶贫的四个县为典型，以 1+1+3×4 的视频组合方式（即 1 部专题片、1 部纪录片，交通美景、交通人物、美食 3 个主题，每个主题制作 4 组视频日记），以新浪微博为首发平台，以新媒体运作方式为主，报、网、大屏相结合扩大宣传影响力的融媒体宣传活动正式启动。

这一次部省社共同推动，部政研室三次发函对宣传活动给予督促、指导，社领导亲自抓进度，四川省交通运输厅两次大力发动四县收集典型扶贫素材。我们同制作团队一起，从 40 余个典型扶贫素材中筛选出十位受访人，以此制定了总体策划

▲ 与采访者畅聊路通之后家乡的变化

方案、现场采访方案、前期踩点方案，并在各方的协助支持下先期赴现场进行踩点，与100多人进行面对面交流，到20多个村庄实地察看，掌握了大量感人的一手材料，根据踩点采访和现场协调情况，完善了拍摄制作脚本。

克服困难保质量

为保证整体进度和质量，四组摄制团队同时行进，克服重重困难，力争把鲜活生动的交通人刻进每一帧，把川西的美好生活映在每一面。

2019年11月，拍摄团队从成都出发，沿着国省干线和农村公路，深入四县乡村，用两周的时间采访了49个地点共36人，动用了8台摄像机、6台无人机，拍摄了8200分钟的素材，其中无人机拍摄时长达725分钟。

根据公路、人物、美食、纪录片不同拍摄主题，摄制团队分成4个小组，公路组爬山涉水，深入在建公路、隧道施工现场，在拍摄过程中突遇国道因山体垮塌断路，我们放弃绕行安全路线，戴上安全帽扛起摄像机，冒着山体再次垮塌、碎石飞落的危险拍摄抢通画面，采访抢通人员，安全员一次次用尖锐的哨声提醒我们后退至安全区域；人物组进村入户，与采访对象同吃同住，近距离感受村民们眼中的乡村振兴；美食组利用当地食材和村民一起制作特色美食，体验别有风味的藏族美食制作过程；纪录片组与人物深入交流，挖掘人物成长及社会生活变迁，4组人马同时行进，协同作战，高效

完成拍摄工作。

后期制作时，12 组短视频以网络达人的视角，讲述交通扶贫的成果和典型人物故事，片尾用一句话总结本集主题，让网友更直观领悟到活动传递的“价值”。

“山区的百姓出行难、就医难，如果不能为他们做点事，我真的会不好意思。”《高原格桑花》中色达县交通运输局总工程师胡建英，和同事们每天奔波 300 余公里辗转于各条公路施工现场，督进度查质量，已经六七个月没有回过家了。当被问到有没有想念的人时，她掩面许久。这 8 分钟的故事直戳心窝，“致敬所有奋斗在一线的交通人”片尾字幕缓缓而出时，网友纷纷留言：“真的看哭了，为高原交通事业发展付出了青春的藏族美女点赞！”一段段奋斗、拼搏的交通故事就这样被观众记在心里，公路、美食篇莫不如此。

回想一路的经历，节目总导演林地深有感触地说：“这两趟走下来看到群众生活的变化，交通人为守护好路的艰苦付出，越发觉得党中央脱贫攻坚的政策是对的，我们记录群众的好生活是有意义的！”

媒体联动增效果

优良的制作加上明星助力短视频、采访花絮、图片海报、手绘地图、新春互动桌面等互动方式，配合集手机、PC、电视端三端的融媒体宣传，四川篇以一种很新的“玩法”将活动推向高潮。

四川篇由报社官方微博 @ 交通发布首发，@ 光明日报、@ 头条新闻等 20 余家官方蓝 V 全程参与互动；联合 19 位明星转发助力短视频，增加互动人群覆盖面；微博话题、热点视窗重点推荐；策划有奖互动转发，调动网友积极性，推高微博话题热度。半个月的发布期里，微博话题 # 好生活在路上 # 阅读量破亿，互动量超 3.5 万。

▲“好生活在路上”四川篇视频二维码

1 部专题片、12 组短视频通过部、省微信微博等平台转发，联合人民日报客户端、中国网、学习强国平台等中央主流媒体广泛转发，同时联合优酷、腾讯、爱奇艺、今日头条、百家号等约 20 余家第三方视频平台在首页置顶推荐，CIBN 高清影视、CIBN 酷视频等互联网电视大屏端同步，视频累计播放量 5500 万。此外，梳理整理图文 40 余篇次，在全网平台宣传发布，协调中央网信办全网推荐。

覆盖三端的融媒体宣传，使活动覆盖超 10 亿互联网用户，全方位展现川西藏区群众的美好生活。网友为交通人点赞：“辛苦了工匠们，正是有了你们藏区人民才有了好生活！”

创新提升影响力

正是有了四川篇的探索，报社媒体深度融合发展之路越走越宽，各类荣誉、邀约纷至沓来。

2020 年 12 月，系列视频《青苹果乐园》和《画唐卡的小女孩》在中央网信办网络评论工作局、国务院扶贫办政策法规司指导的“我家的故事——脱贫攻坚奔小康”短视频征集展示活动中获奖；2021 年，“好生活在路上”交通发展成就融媒体宣传项目获评国家新闻出版署 2021 年中国报业深度融合发展创新案例“网络内容建设类创新案例”。

2021 年 12 月，“好生活在路上”第二季——“在路上看新疆”新疆交通运输成就融媒体主题宣传上线。此次宣传分为行进式宣传和集中宣传两种方式开展，行进式宣传是在实地采访拍摄的过程中，通过文字、图片、短视频等形式，在报、网、端、微融媒体平台持续发布第一手宣传作品 33 篇；集中宣传采取大小屏结合，全方位覆盖各类用户，全网浏览量突破 4 亿。

2022 年年初，《好生活在路上——新疆篇》获得中宣部文化产业项目纪录片立项，2022 年至 2023 年分别完成上、下两集制作、宣发。截至 2023 年年底，微博话题 # 新丝路新篇章 # 阅读量达 1.2 亿；IP 话题 # 好生活在路上 # 阅读量达 5 亿；纪录片及竖屏短视频内容在多个平台上广泛传播，广大网友纷纷点赞新疆交通“基建狂魔”。

不仅如此，我们还借助“好生活在路上”IP 的品牌效应，打造内容丰富的衍生活动，如 2023 年 5 月组织的“好生活在路上 &100 个人的交通故事”主题征集活动共发布 97 部人物作品，其中 3 部获学习强国首页或专栏推荐，有效展现了行业从业者积极向上的奋斗精神；2024 年 4 月，围绕习近平总书记

▲“好生活在路上”新疆篇视频二维码

首次作出“四好农村路”重要指示批示十周年，组织“好生活在路上”融媒体作品征集活动正在火热进行中。

回望“好生活在路上”这些年的发展，我们对用小切口讲好大主题宣传故事进行了深入实践，两季的融合传播提升了报社融媒体的整体制作、宣传能力，进一步提升了新闻舆论的“四力”。相信未来，在报社领导的带领下，更多轻量化、易传播、接地气的佳作会如雨后春笋般，欣欣向“融”，纷至沓来。

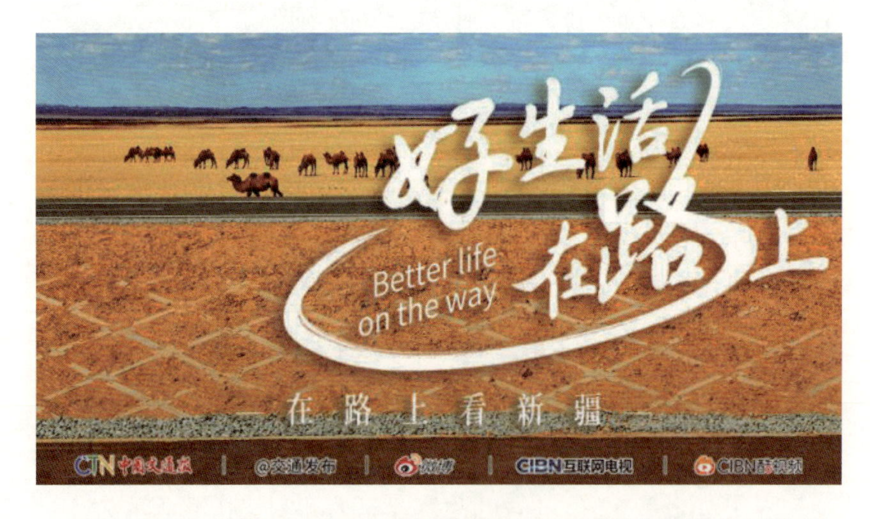

▲ “好生活在路上”第二季“在路上看新疆”新疆交通运输成就融媒体主题宣传海报

一篇10万+的评论和“安检互认”

中国交通报社采编中心副主任　杨红岩

▲ 杨红岩

推进跨交通运输方式安检互认，事关现代化综合交通运输体系构建，关系人民群众便捷高效出行，政府高度重视，社会普遍关心。

2024 年 6 月 25 日，中共中央政治局委员、国务院副总理何立峰在福建福州调研物流体系工作时再次对推进这项工作提出要求。他强调，要持续深化综合交通运输体系改革，加强公铁水空等各类交通设施衔接、信息共享、标准协同、安检互认。

在此之前，早在2020年1月11日，中共中央政治局委员、国务院副总理刘鹤在北京检查春运工作时也强调，公安、铁路、城市交通等有关部门要从保障安全、方便旅客角度积极推动铁路与轨道交通安检标准统一、流程优化，提高旅客换乘便捷度。

不仅如此，刘鹤同志还直接指导推动了北京西站铁路和地铁之间成功实现安检互认，即铁路出站乘客可免安检换乘地铁，地铁到达乘客可免安检换乘火车。

交通运输领域“安检互认”的提出，是偶然也是必然。偶然，是因为笔者撰写的一篇“爆款”评论，在全国范围内首次提出了“地铁、高铁安检无法互认”给群众出行带来极大不便，从而引发了对此问题持续而深入的讨论；必然，是因为随着我国各种单一交通方式基础设施“硬实力”的跃升，如何提升管理“软实力”、进而更好发挥多种运输方式的比较优势和组合效率，已经成为我国交通运输行业在深入思考的重要问题之一。

2017年11月，笔者撰写的评论文章《为什么说北京南站不如上海虹桥站》，通过本报微信公众号发布后，迅速以“10万+”的速度引爆舆论。各类自媒体平台纷纷转载，《人民日报》、央视、新华社、《环球时报》《瞭望》等官方媒体通过转载或引用的方式纷纷跟进，不少专家、学者也加入到了讨论阵列。

用“引爆舆论”来描述当时的火爆程度，并不夸张。《人民日报》重量级微信栏目“睡前聊一会儿”，以《双城记：上海虹桥与北京南的爱与恨》为题，进行了跟评。该文开门见山指出：“这两天，一篇名为《为什么说北京南站不如上海虹桥站》的爆款文章刷了屏……”

双城记：上海虹桥与北京南的爱与恨丨睡前聊一会儿

原创 党报评论君 人民日报评论

2017年11月23日 22:02 北京 听全文

上海虹桥与北京南的爱与恨

人民日报评论

4分钟

睡前聊一会儿，梦中有世界。大家好，我是党报评论君。这两天，一篇名为《为什么说北京南站不如上海虹桥站？》的爆款文章刷了屏。常在京沪走，评论君对北京南站和上海虹桥站都

▲ 当年本报刊发的评论文章，成为舆论爆款，众多媒体跟进讨论（《人民日报》评论公众号刊发的评论内容截图）

笔者在评论文章中，对当时北京南站安检流程的烦琐与不便作了这样的描述：“刚刚走下高铁的乘客，都是经过安检的，但是出了高铁检票口，同样还在这座封闭的车站内，到出租车候车区打不到车，再折返就得再安检，换乘地铁也要排队安检。当然，在接受地铁安检前，得先到自助售票机或人工售票窗口前排队，有些外地乘客不熟悉自助购票的使用方法，鼓捣半天也出不了一张票。好不容易买到地铁票，还要再被铁围栏圈进那条七绕八拐的长长的安检通道内。若乘客携带大包小包的行李，这一番折腾下来着实苦不堪言。”

进而，评论指出：“我们一直在强调提质增效，在客运领域，提质增效，首先要提高管理能力和服务乘客的水平，不仅要增强高铁、地铁等单一运输方式自身的运行质量和效率，更需要充分发挥多种运输方式之间的组合效率，根本目的只有一

个，就是尽最大的努力，为乘客提供最好的服务。”

这篇评论的写作过程是“急就篇”，在报社有关领导指导下，可以说是一气呵成；但是，文章思考和谋划的过程绝非出于急就。

当时的大背景是，我国已建成了世界上最大规模的高速铁路网、轨道交通网，规模庞大的世界级港口群，高速公路通车里程世界第一，民航发展也突飞猛进。基于各类交通基础设施建设取得的伟大成就、奠定的坚实基础，我国更加重视现代化综合交通运输体系的构建，并以更大的力度深入推进综合交通运输体制改革。作为推进交通运输高质量发展的重要手段和目标，“提质增效”成为交通运输部和各地交通运输部门反复强调的高频词。

从国家层面看，党的十八大以来，党中央提出“全面深化改革”并对此作出重大战略部署，强调“以人民为中心”的改革目标，强调“问题导向”“目标导向”“需求导向”等重大改革原则。

结合这些背景，笔者进行了长时间深入思考和观察，认为综合客运枢纽的管理水平和服务能力，直接影响人民群众的体验感、获得感，也最能直观体现综合交通运输体制改革的效果。从坚持问题导向和目标导向出发，选取了当时号称“亚洲第一大站”的北京南站，作为反映问题的突破口。

相关评论文章推出后，有关部门高度重视、联合行动，不仅直接推动了北京南站等北京市几个大型综合客运枢纽站的全面整改提升，从简化检票流程、推进“安检互认”、便利接驳运输等方面进行了系统性优化，也影响带动全国范围一批一线城市改进并提升了综合客运枢纽的管理能力和服务水平，“人享其行”迈出重要一步。

更为长远的影响是，“安检互认”等便利旅客联程运输的一系列措施，先后写入国家和行业的各类政策文件。通过发挥制度“管根本、管长远”的重要指导和引领作用，我国综合交通运输管理体制改革持续深化，不断迈上新台阶。

2018 年，交通运输部、国家发展改革委、国家铁路局、中国民用航空局、中国铁路总公司等七部门联合印发的《关于加快推进旅客联程运输发展的指导意见》提出，鼓励枢纽站场设置封闭、连续的联运旅客换乘通道，并通过跨方式安检标准互认，在保证运输安全的前提下，减少旅客换乘过程中的重复安检。

2021 年 2 月，中共中央、国务院印发的《国家综合立体交通网规划纲要》中提出“推动城市内外交通有效衔接”，其中，强调要推动干线铁路、城际铁路、市域（郊）铁路融合建设，并做好与城市轨道交通衔接协调，构建运营管理和服务“一张网”，实现设施互联、票制互通、安检互认、信息共享、支付兼容。

2021 年 12 月，国务院印发的《“十四五”现代综合交通运输体系发展规划》中，关于“加快发展旅客联程运输”章节中提出，优化跨运输方式安检流程，推动安检互认。

2021 年，交通运输部会同有关部门出台了《关于开展空铁（轨）联运旅客换乘流程优化工作的通知》，围绕安检换乘通道改造、行李直挂服务、行业标准完善协同等方面进行了部署安排。

民有所呼，政有所应。从行业到国家，从国家到地方，如今，推进跨交通运输方式安检互认，已经形成普遍共识，正在稳步有序实施。

不可否认，这项工作在深入推进实施过程中，还面临着“存量”规划不协同，有关法律法规与制度不协调，以及改造成本大、标准不统一等这样那样的难题。但是，有党中央的正确领导，有国家制度的科学指导，有交通运输行业的齐心协力，有人民群众的殷切期待，我们有理由相信，包括“安检互认”在内的一系列制约现代化综合交通运输体系构建的因素一定会逐一得到解决，“人享其行”的美好愿景一定会成为现实。

去告诉大家，那些不为人知的故事

中国交通报社采编中心三级资深编辑 / 记者　阎　语

▲ 在蒲洼乡邮政所采访

那次采访之后，我浑身酸痛，回到住处就沉沉睡去。那晚，我做了一个梦——明柔的阳光下、深邃的山沟里，一位邮递员深深浅浅地迈步，路上花团锦簇，前方人声鼎沸。

梦里邮递员的脸我记不太清了，但似乎不太像我当天采访的晋清山大哥。因为我全程几乎都是跟在身后，仰望他的背影——就像我仰望着这座大山，我们总是想着登上山顶，可山就在那里，我们纵使登顶，但也是一场终会离别的相遇，山却不会离开，山里的邮递员也不会。

2022年春节前，为做《中国交通报》“新春走基层”的“我做一天春运人”主题系列采访，我和同事梁熙明前往京郊房山区蒲洼乡，太行山之中。在这里，我们和邮递员晋清山一起徒步行走70里山路，体验了一趟“步班邮路”。一个记者、尤其是《中国交通报》的记者，终究还是要用双脚去丈量这个行业的长度，切身体会这个行业的冷暖寒温。

蒲洼乡邮政所位于京西太行山北麓深处，从单位出发，不过120公里。前半程高速公路、国道畅通无阻，后半程却是急缓不定的盘山公路，全程竟耗时近4个小时。隐藏在京城繁华背后的蒲洼乡，是不折不扣的基层。

连绵的群山、盘旋的飞鹰、古朴的村落和金色的夕阳，我和同事踩点时，看到的就是这样的场景。深冬的村庄格外安静，大部分民居保留了年代感十足的建筑结构和静谧气质，除了懒洋洋晒着太阳的家猫、偶然传来的狗吠，只剩下寒风吹动国旗的声音。初到这里，记者预设了一系列的拍摄想法——“多走山路”“多爬坡”“喝一喝山泉”……但在邮递员晋清山眼中，这些过程都是必然，躲不掉也选不了。

当时已56岁的晋师傅是这条步班邮路上的唯一一名邮递员。邮路服务两个村庄，全长35公里，沿途大半是山间的碎石土块，松木茂密，溪水相伴。自2001年至今，晋清山每天都要走一遭，将党报党刊和信件包裹投递进村。在通村公路修好前，晋清山每天步行的距离甚至达到 64 公里，用当地人惯常的距离计算单位来说，晋清山保持“日行百里”这件事，持续了近 20 年。

临行前，报社的同事告诫我，山里冷，要穿得厚些。但真正踏上天梯似的邮路，我很快就心跳加速、大口喘气，在严寒的山间，反倒出了一身闷汗。相比宽阔的通村公路，晋清山带着我走了一条垂直的小山路，可以节约一半多的时间。

千仞壁立的山崖间，行路之难常人无法想象。一路上，除了近年新修的石阶，尽是一米见宽的羊肠小道，小道旁不知荒

▲ 阎语（左）和梁熙明体验“步班邮路”

废多久的农居只剩下残垣断壁，像搁浅的鱼。山间泉水沿着小道滔滔汩汩，在寒冬腊月便变成冰道，令人望而生畏，若想绕过冰道，就得忍受小道两旁戳得人生疼的枯木。晋清山师傅在冰上如履平地，我和同事在身后苦苦追赶，终是无法齐头并进。

脚力的磨炼终是不能一蹴而就。刚走不久，我就有些体力不支，弯着腰两脚一高一低地踩在石阶上大口喘着粗气，抬头看到站在前面山岗最高处，头冒热气、鞋跟沾土的晋清山。阳光从他身后打下来，从逆光的方向看上去，就像一幅古早的油画——他成了山峰，神圣且震撼。那一刻，我猛地意识到，这次采访只需要努力跟下全程，记住那座“山”，记住自己的感受。

▲ 记者从边坡爬下

冬日的暖阳，对晋清山和村里的居民来说，是个难得的好天气，可我仍旧是拖了进度，当身体临近极限时，我已经很难用坚定的意志为自己打气，更像是用记者的本能，步履蹒跚地跟在晋师傅身后。

一路上，我一直想伺机采访晋清山，想问是什么让他选择了坚持，但碍于被他落下甚远，也碍于我一路气喘吁吁难以张口，终究没能得行。快到村庄的那一刻，太阳竟已近于落山。在长久没有见到人烟之后，看到远远村庄里国旗高悬那一刻，这个问题的答案竟在自己心中找到了——那像是一个火山中喷发出鲜花的时刻——山岚里，村庄中传来的犬吠、栏杆上悬挂的衣服、隐约的人影就是答案，那些期待的心就是答案。在信号微弱的山村，一位身着象征春天的绿衣、风尘仆仆的邮差，带着外界的美好，就像是为天寒地冻的山中人们，带来了春天。

行进路上，同事问我：“你有没有想过，如果我们不来这里……”“那可能这里的故事就没人知道了。”我顺口答道。在这个并不广为人知的山村中，邮递员既是山中的英雄，也是被大多数人忽略的普通人，交通运输行业的大多数从业者似乎都是如此。他们鲜少拥有鲜花和掌声，更多是在山川之间，在江河之畔，在地面之下，在钢铁丛林，他们如石如草也如风如水，如同这颗星球上那些生来就有也不可或缺的原生物件。

后来，我也做了很多采访，遇到了很多令我感动的人，也见证了许多震撼心灵的事情。在一个记者在一线工作时，要做到完全冷静是不可能的，但记者的职业是了解，是讲述，是用自己的笔和镜头把那些人和事讲给大家。我和同事们一次次的一线采访经历，一次次的文字和镜头记录，一次次通过媒体融合的方式传播出的交通故事，都是在努力为这个行业树碑立传，将这里精彩的故事转述给读者受众。

因为，在这个庞大的行业之中，交通人汇聚如长河，蜿蜒奔流，将不竭的力量注入这片生机勃勃的土地。

江心有个温暖的“家”

中国交通报社水运中心记者　殷子炫

▲ 殷子炫

有那么一些人，在我们看不到的地方，做着不被人了解的工作。

春运是无数家庭期待已久的团聚之路，而每年这时，我们就踏上了一条探秘之路，以体验式融媒体报道方式，和更多人一起感受一份份春运人的苦和乐。

2023年春运第一天，我和同事徐浩田要前往全国最大的内河十字路口——六圩河口，在镇江六圩水上绿色综合服务区，体验做一名服务区的工作人员。

提前一天，我们抵达镇江。

高铁到站已经是下午，我们直接前往水上服务区为明天的体验拍摄做准备。虽然之前做了功课，我们知道这里加油、维修、垃圾回收、超市、健身房等各种功能一应俱全，但实地来到，还是颇为震撼，谁能想到在江水之中由六艘趸船组成的服务区好像是另一个世界，没有急躁和喧嚣，只有温暖和贴心，就像船员休息娱乐的“家”。

经过参观，以及和工作人员的交谈，大致确定要体验的工作和拍摄的内容，排除加油、维修等需要一定技术和资质的工

▲殷子炫（左二）徐浩田（左三）和服务区工作人员交流拍摄和采访思路

作，我们选定比较“神秘”的船舶垃圾污水处理水手、与人们生活息息相关的超市工作人员两份工作进行体验。

既要采写稿件，还要以视频的方式呈现体验的过程和感悟，一天的时间并不充裕。

我知道此次我既是水上服务区工作人员，也是镜头中的探索者，所以到底哪些内容是观众真正想了解、想看到的也是我需要思考的问题。

水上服务区对于大部分观众是比较陌生的，提前一天到达让我们有更多时间代入一个普通观众的视角。

“水上服务区给船员生活带来了哪些变化和影响?”

“水上服务区的工作人员长时间不上岸是怎么和家人朋友相处的?”

“长江航运货物吞吐量不断增长，江水为什么越来越清?”

……

带着许多问题，在2023年春运第一天的早上八点，我作为服务区的工作人员，出发去给船员送菜上船。随着交通船在江面划出一道波纹，我们的拍摄和采访也正式开始了。

体验过程中有更多机会接触船员这个群体，我们会抓住每一个与他们交流的机会，跑船30年的老船员、船员的亲属……从他们口中，我们更能实实在在感受到服务区带来的便利和温暖，长江几十年的变化也仿佛就在眼前。

问渠哪得清如许，为有源头活水来。水上服务区是人民群众真正的所想、所盼、所需，而我们报道的着力点和落脚点更应该是服务于群众的，让群众喜闻乐见的，所以我们的体验也应更深入、更真实。

让我印象最深刻的是体验做水手。本以为给船舶接上污水管，污水顺管流到服务区的污水舱中，轻轻松松就完成了，但是只有自己真的干了才知道其实不容易。我拿起污水管金属管头，原来后面要拖动的管体又粗又重，每拖动一下只能移动一点距离，到船边递给船员都要用尽力气，等排完污水，船员将管子递回给我时，充满污水的管子不仅又重了许多，还散发着恶臭，最后还要一遍遍弯下腰抬起管子把管内排干净。作为水手，每来一条船，这套令人精疲力尽的操作就要操作一遍。

这些苦和累没有人会主动讲，问起来，只会听到一些轻描淡写，也许他们真的习惯了。

和他们成为“同事”的好处就是，我们之间的交流不再是采访，而是气氛轻松的聊天，是感同身受的工作经验分享。记得我和他们聊起在这里工作有一点最让我难以适应，就是无论什么时候趸船都是在晃动的。水手李奇安慰我说，这些对他们来说都习惯了，半个月换一次班才能上岸一次，有时候值守完回到家不晃了，反而还不踏实了呢……

一句句“轻描淡写”，对于他们只是日常，但对于我们是最好的素材。后来我把这些都写进了稿件中。

一天的体验结束后，兴奋感渐渐消退，我开始感觉到疲倦，浩田把我叫到趸船栏杆边，让我在镜头前说一天的体会，毫无准备的情况，我以为自己会不知道讲些什么，但开始拍的那一刻，今天的一幕幕就像一部盛大的电影全部涌入脑海，突然间有太多的感受想分享给大家听。

"今天让我觉得蛮有成就感的，船舶垃圾污水上岸让长江的环境越来越好了，水上配送服务给船舶带来了极大的便利，同样我也感受到了这份工作的辛苦，就算是春节期间也要值守在这里……"不知不觉我已经说了很多，虽然缺乏些逻辑，但是我知道每一句都是最真实的想法。等回到报社，我们觉得当时匆忙拍得不够好，决定重新拍一遍，我和浩田在纸上把要说的内容列出提纲，反复准备了几遍，却再也找不到当时的感觉了，最后视频中用的还是现场说的那段。

记得短视频作品发布后，有条评论是这样说的："想不到还有这样的职业，这种报道方式真有意义。"

这对我来讲也是一种鼓舞。在鲜为人知的地方，在万家灯火的节日里，有一些人一直在默默坚守，我希望让更多人看到他们。

后来我们还做了《探求品质服务和自身收益双丰收》《水上的"家"很温暖》等水上服务区系列调查，制作《前方将抵达水上服务区》等微信介绍各地水上服务区特色服务和景观，前往三峡通航综合服务区体验做锚泊指令员……以更多融媒体报道方式让更多人知道水上服务区的存在，了解工作人员的付出，体谅内河船员的困难。

纸上得来终觉浅，通过体验式融媒体报道也让我真正明白应该去到更多的地方，不断创新报道方式，才能让这些小众的交通岗位在我们的笔下、在我们的镜头中不再是遥远和陌生的存在，而是身临其境、同频共振，融入读者和观众的心里。

当好舆情监测"千里眼""顺风耳"

中国交通报社舆情中心主编　赵　宁

▲ 赵宁

互联网时代，老百姓上了网，民意也就上了网。习近平总书记强调，走好网络群众路线，善于通过互联网等各种渠道问需于民、问计于民，更好倾听民声、尊重民意、顺应民心，把党和国家各项工作做得更好。

交通运输行业具有较强的公共属性，做好交通行业的舆情监测，有助于促进交通政策的传播和落地，增进公众理解，凝聚社会共识，推动交通运输行业高质量发展与交通强国建设。

2014 年，报社舆情监测服务应部党组需要而生。十年里，我们不忘初心，全力以赴做好为部舆情监测服务，持续优化提升自身舆情监测与服务能力，努力做好部党组科学决策、舆论引导的有力支撑。

突发事件舆情监测是对舆情服务最核心、最基本能力的考验。在承担部舆情监测服务半年后，长江“东方之星”号客轮翻沉，报社舆情团队及我个人都迎来我们职业生涯中首个重大突发事件的挑战。2015 年 6 月 2 日 2 时 52 分，随着 @ 央视新闻曝出第一条消息，该事件在天亮后被推上了各大媒体网站的头条。

在整个事件处置过程中，交通运输部坚持新闻发布与应急处置工作“同时启动、同步实施”的要求。事发后的 20 个小时，救援指挥部在现场召开第一场新闻发布会，对现场搜救进展、伤员救治、指挥部救援举措等予以通报。为纾解网络民意情绪，提振舆论信心，提高官方信息发布的准确度，报社舆情编辑与前线宣传人员密切配合，启动 7×24 小时全天候网络舆情信息监测，要情随报。在后方，作为轮值舆情编辑的我，结合现场新闻发布会召开节点，提供专项应急舆情报告，梳理监测时段内新增热点问题、媒体焦点、外媒报道、网民关切等各舆论场信息，并据监测数据对潜在舆情风险点位予以研判预警，搭建起官方与网民沟通的桥梁和通道。前线宣传人员根据这些实时舆情信息，提前准备充分的问答口径，优化调整发布会通报内容，做到了事事有回应。搜救指挥部的 15 场现场新闻发布会，加上新闻媒体的客观公正报道，回应了广大网民关切，及时澄清了谬误谣言，有效引导舆论回归理性，舆情整体客观、理性。

与此同时，我们也见证着涉及行业规章（部令）和社会关注度高、关系民生的政策及重点难点工作的推进。如 2015 年出租汽车深化改革、2017 年《收费公路管理条例》修订（征集意见稿）发布、2019 年高速公路省界收费站撤站、新冠疫情期间物流保通保畅、收费公路“绿色通道”政策实施、交通新业态平台合规与抽成等，舆情团队搜集大量互联网网民建议和问题反馈，为部优化调整政策，凝聚社会共识，提供了有力的基础支撑。

2015 年 10 月 10 日，交通运输部政府网站发布《关于深化改革进一步推进出租汽车行业健康发展的指导意见（征求意见稿）》《网络预约出租汽车经营服务管理暂行办法（征求意见稿）》两个重磅文件，开展为期一个月的意见征集。

两个文件发布后，互联网信息如潮水袭来。在征集意见的一个月里，我和同事连续 31 天编写每日出租车汽车深化改革专项报告。每期 30 页左右的报告高度整合了媒体报道、专家观点、网民态度、企业动向等各舆论场意见反馈及官方信息发布传播效果等诸多内容，确保最大范围实现对社情民意的打捞。

2019 年 12 月 31 日，交通运输部正式启动取消高速公路省界收费站工程并网切换工作。报社主动请缨，舆情团队按照交通运输部撤站工作指挥部的统一部署，秉持“早发现、早报告”的原则，为部党组及云南、广西、黑龙江、安徽等地方交通运输厅提供了长达半年的撤站舆情监测服务，为全国撤站工作顺利推进发挥了重要作用。

在 2022 年报社新闻宣传工作会议上，部政研室领导对报社舆情监测工作给予了肯定，指出“报社舆情监测团队不辞辛劳、快速反应，成为部党组的千里眼、顺风耳，在部党组处理重大突发事件、应对热点舆情、掌握行业动态中，发挥了不可替代的作用”。

除了做好对部服务工作，我们也积极履行好行业报的职责，当好行业舆情消防员，为行业企事业单位舆情治理提供力所能及的帮助。如 2020 年广东虎门大桥异常振动事件，就是一起报社跨部门联动协助地方处置舆情的典型案例。

2020 年 5 月 5 日 13 时 13 分，广东虎门大桥发生异常振动，时值五一返程高峰时段，大桥是否安全成为公众最关心的事。围绕着这一核心舆论诉求，虎门大桥管理方迅速启动应急预案，组织专家会商会、记者答疑会、媒体采访等工作，逐步引导舆论回归理性。

然而，舆情刚刚回落，5 月 10 日，某大 V 再发图文微博称，“虎门大桥异常振动是吊索、主缆出了问题”，再掀二次舆情风波。在舆情编辑监测到该消息后，新媒体中心（舆情工作室隶属于新媒体中心）立即主动联络广东虎门大桥管理方。考虑到自身传播能力有限，大桥方也选择借助报社力量，发出权威声音，开展舆情应对。

5 月 11 日 9 时，@交通发布发布第一条权威信息：据专家分析，水马是涡振诱因，虎门大桥结构安全，相关抑振措施正在研究实施中。以不具名的方式回应了“虎门大桥最新情况”系网络谣言。14 时 13 分，报社微信公众号“中国交通报”发布科普文章《从虎门大桥突发涡振说起》，通过通俗易懂的语言和视频解读桥梁为何会振动、危害有多大，特别是回应了把虎门大桥异常振动与美国 1940 年塔科马大桥风毁相提并论的错误观点。18 时 13 分，@ 交通发布发布第二条权威信息：虎门大桥管理方表示，该消息不实，38 号吊索已于 2019 年完成更换。

这三条信息发布后，迅速被人民日报、中国日报、环球网、澎湃新闻、国家应急广播、财经网、新京报等媒体广泛转发、引用。# 虎门大桥 38 号吊索去年已完成更换 # 话题以 1900 万次的阅读量登上当日微博热搜榜。在权威、专业、科

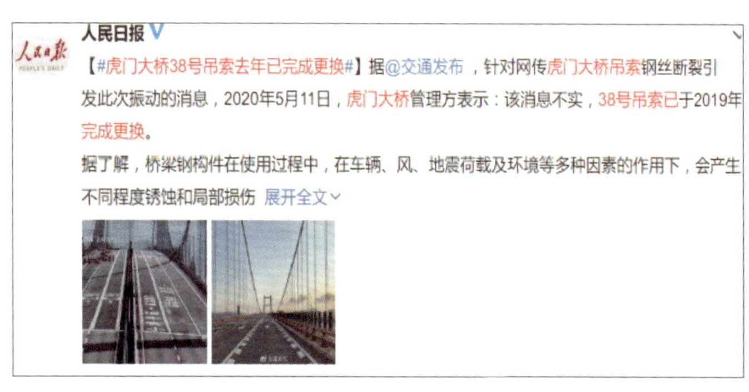

▲ 我社官方微博 @ 交通发布辟谣虎门大桥 38 号吊索钢丝断裂为不实信息，并被 @ 人民日报转发

▲ 热点舆情事件案例集［报社舆情中心整理汇编的交通运输热点公共事件舆情案例集（2020 年—2023 年）］

学的面前，谣言不攻自破，网民恢复理性，虎门大桥舆情危机彻底解除。

十年的探索与积累，我们依托人工智能、大数据、云计算等技术，与国内知名舆情大数据公司搭建起一套覆盖全国交通运输行业可实现全舆论场网络舆情洞察与研判的定制化系统。

十年里，我们紧跟行业舆情市场需求，积极拓展业务范围，为十余家地方交通运输厅提供定制化的政务舆情监测研判服务，并在此基础上延伸出企业舆情风险评估、商情数据等衍生服务，为报社新闻宣传服务开辟了新的增量空间。

在做好定制化舆情服务咨询的同时，我们循着产学研的路径持续深耕行业舆情。2020 年，舆情工作室全新打造的集境

内外行业动态、案例研究、舆情素养、实战演练于一体的舆情服务拳头产品《交通运输网络舆情周报》正式上线。该产品从行业舆情个案出发，剖析事件舆情脉络，科学认识网络传播规律，准确把握网上舆情生成演化机理，为当前舆情处理提供了路径参考，也逐步提升了报社行业舆情理论研究水平。

十年前，报社伺机而动快速切入舆情监测服务的市场赛道，并一度以专业权威引领行业舆情。然而，随着当前以大数据和人工智能为代表的智能技术的快速发展与广泛应用，互联网传播格局正在被重塑，智能化舆情管理也逐步发展为行业必然。因此，在新的传播格局中，报社舆情监测服务也需要适应新形势，开启新的征程。

那年花开朋友来

中国交通报社综合办公室副主任　赵鹏飞

▲ 赵鹏飞

第二届联合国全球可持续交通大会，在交通人中简称“大会”。“大会”由联合国主办，中国交通运输部、外交部、北京市政府共同承办，是所有交通人、交通新闻人2021年的关键词。

2021年10月14日至16日，大会在北京举行。国家主席

习近平14日晚以视频方式出席并发表题为《与世界相交　与时代相通　在可持续发展道路上阔步前行》的主旨讲话。习近平指出，新中国成立以来，几代人逢山开路、遇水架桥，建成了交通大国，正在加快建设交通强国。交通成为中国现代化的开路先锋。171个国家的代表出席了开幕式。

很幸运！大会组委会办公室设在交通运输部。作为报社驻交通运输部记者，我全程参与大会筹办、召开的全过程，采写了几十篇外事稿件。

很艰巨！由于疫情防控，只有我1位记者负责前期所有部领导活动的宣传报道和期间的要闻报道。

很难忘！这场始于交通、超越交通的盛会里，各国朋友都来了，报社记者在国际传播中讲述了中国交通故事。

天时地利人和

会前邀请是会议举办的重中之重。线上线下相结合的背景下，会场有多少来宾到场、线上有多少朋友参会，都尤为重要。

会前，交通运输部李小鹏部长与其他国家交通运输主管部门、国际组织、部分企业负责人进行了34场线上、线下会见。新闻任务最多的一天，就有4场外事活动。由于时差原因，最晚的一场被安排在晚上8点开始。稿件审核结束，已经接近晚上10点了。那一段时间几乎是连轴转，一篇篇外事报道刊发出来、传播出去，也标志着邀请工作打了一场胜仗。

▲ 2021 年 6 月 21 日，在由外交部会同交通运输部组织举办的“驻华使节走进交通运输部”活动中，李小鹏部长邀请驻华使节和国际组织驻华代表、各国交通部长出席第二届联合国全球可持续交通大会，共话可持续交通发展大计

大会本来计划 5 月份召开，由于种种原因，会期最终敲定在 10 月 14 日至 16 日的时候，留给大家的准备时间已经不多。箭在弦上！在交通运输部 430 会议室，大会组委会的会议开了一次又一次，嘉宾邀请、议程安排、会场安排等，过了一遍又一遍。

2021 年 10 月 16 日，大会的成果文件《北京宣言》通过大会官网发布。为期三天的大会，组织了包括全体会议、部长论坛、主题会议、科学技术创新论坛、企业家论坛等 14 场活动，130余位交通部长、企业家代表、国际组织负责人从民生、绿色发展、安全发展、互联互通、应对疫情和经济复苏等多个领域进行了对话。

大会圆满成功，所有人都很兴奋。闭幕当晚，部领导、部国际合作司的同事准备拍一张合影。临时接到部长办电话的时候，我正在新闻中心紧张修改部长论坛的侧记稿件，抓起相机，一路小跑跑到会场。

那一天的照片拍得真好！一百多号人的合影，没有一个人的脸被遮挡，没有一个人闭眼睛，没有一个人表情不好。真应了那句话，人有事、天帮忙。天时地利人和，大会全占了。

拍完合影，李小鹏部长对着全场工作人员，用5种外语说了“谢谢”。大家又惊又喜，笑得特别灿烂。

真想好好睡一觉

2021年的工作总结里，我这样写道：大会中，作为上会记者，发挥驻部记者优势，尽最大努力缩短送审流程。

背后的缺觉也让人难忘。除了开闭幕、部长论坛宣传报道，我还负责部领导巡展、会见外宾、慰问工作人员的拍摄工作。6场主题会议，同事张凡、金校宇、王博宇、王俊峰、马士茹分别负责侧记的采写。当天开完会，编辑部等着清样，审稿时间完全看国际合作司的审稿进度。

为了让报道在清晨第一时间跟大家见面，编辑部里，编辑编辑好其他稿件，静静等待侧记稿件的审定；新闻中心里，前方记者写完稿件尽快核实内容，抓紧给国际合作司审核。而那几天，国际合作司的同事忙得不可开交，最晚的审稿进行到了凌晨 3 点。

▲ 在第二届联合国全球可持续交通大会新闻中心，报社同事出完采访任务在这里紧张写稿送审，一篇篇报道从这里发布出去

在这个过程，我一直睡不踏实。审定好第一天的稿件，第二天的任务紧随其后。疲劳和兴奋，贯穿着那几天的行程。

正如李小鹏部长在大会部长论坛中提到的，当今世界百年变局和世纪疫情叠加，各国的前途命运从未像现在这样紧密相连，交通对于消除贫困和经济复苏日益重要。疫情阻隔了各国交通部长的相聚，但阻挡不了全球交通可持续发展的脚步，阻断不了携手共进、合作共赢的决心和行动。

大会不光是交通运输国际合作进程中的盛事，还是加深各国对中国交通认识的好机会。这次会议，积极展现了中国推动构建人类命运共同体、支持多边主义的决心，向国际社会主动宣讲了新发展理念。

这个交通运输行业最高层级的国际会议，同时也是中国交通作为现代化的开路先锋形象立体传播的重大机遇。开闭幕式、3 次全体会议、部长论坛、6 次主题会议、科学技术创新论坛、企业家论坛等 14 场活动中，130 余位各国交通部长、企业家代表、国际组织负责人进行了对话，《中国交通报》3 期共 12 个版的特别报道共引用了 120 多位代表的发言。我与其他 5 位特派记者凭借深厚的专业积累，围绕可持续交通与服务民生、互联互通、经济复苏等进行了主题鲜明的“交响乐”式报道，既有鼓舞人心的主旋律，又有丰富多元的声音。交通是经济的脉络和文明的纽带，报道呈现“一带一路”倡议的广泛共鸣；在新冠肺炎疫情冲击下，贫富差距恶化，南北鸿沟扩大，报道放大“不让一个人掉队”的呼声；当今世界正在经历新一轮科技革命和产业变革，报道既敏锐“捕捉”前沿的探索，又不忘“关照”大事作于细的努力。

一枚徽章我永远珍藏

会前在国际合作司同事的电脑上修改新闻稿件的时候，国际合作司副司长李冠玉缓缓走到我身边，递给我一枚徽章：“小赵同志给我们这么大的支持，辛苦啦!”这枚徽章小小的，却十分精致。徽章左边印着联合国旗帜，右边印着中国国旗。

现在，这枚徽章依然静静地被保存在我的书柜里。每次翻书看到它的时候，我总能想到那次令人难忘的大会，那些可爱的同事。

这次大会，为 2023 年举行的全球可持续交通高峰论坛的新闻宣传工作打下了坚实基础、提供了有益借鉴。在论坛报道工作中，我担任部领导报道小组组长，和两位同事共同努力，安全、高效、顺畅地完成了报道任务，为推进交通运输国际合作、推动全球可持续交通发展贡献了新闻力量。

人生几见此佳景。惟愿取年年此夜，人月双清。

回望那次大会，在国家会议中心的那些人、那些事再次浮现在眼前。这是联合国全球可持续交通大会的中国站，奏着可持续交通、可持续发展的乐章。对于一段具体的个体人生，大会曾以丰富饱满的方式参与进个体生命，远方的、眼前的，有形的、无形的，直接的、间接的，都与此相关，以一种特殊储存的形式留在了一个人的生命中。

当我翻看当时的微信聊天记录，那些工作群里的消息，像是一张地图里闪烁过、又重新被点亮而连通当下与过去的星星，那里一笔一划地、认认真真地记录着可持续交通、可持续发展与新闻、传播的一个个瞬间。

梦想

我与《中国交通报》共成长

中国交通报

创刊40周年文集

1984—2024

时代潮头书写使命

中国交通报社安徽记者站站长　吴　敏

▲ 吴敏（左）在淮河泄洪区一线采访

人生易老情难老。

三十多年前（准确地说是 39 年前），满怀着对新闻事业的憧憬和对家乡父老的牵挂，我踏入向往已久的新闻界。这些年来，我始终揣着一颗虔诚的心，在这个大学校里学习。

新闻是什么？记者做什么？也许每一个新闻人都会如此追

▲ 黄山太平湖大桥

问。置身硝烟弥漫的对越自卫防御作战的老山战场，见证生与死、爱与痛的较量，我深深地思考：我们的使命在哪里？穿行在热火朝天的交通建设工地上，感受日新月异的交通变迁，我深深地思考：我们的使命在哪里？

使命在心头召唤。我带着思考，背上行囊，走在路上。

登黄山观澜天下，听八面来风；到皖江中流击水，看百舸争流；走皖北一马平川，写壮阔天地。我在寻找新闻的路上找到了记者的使命。我们的使命就是站在时代的潮头，书写交通的史诗，塑造交通的英雄，展现交通的风采。

30 多年来，最令我难忘的就是 1985 年在对越自卫防御作战老山前线采访过的一个个英雄战友。他们来自祖国各地，事迹各有千秋，性格各有不同，但他们都有一个共同特点：对党、对祖国、对人民，始终怀着十分坚定的信念。

我想到了战斗英雄韦昌进、原明、都昌林，英雄烈士赵广来、王雨军、姚峰等。在老山战役中，他们用挚爱和生命践行了对党的誓言，彰显了军人的本色。“他们普普通通，像是一道阳光，轻轻来过；他们朴朴素素，仿佛一缕清风，悄悄走了。”我带着对兄弟一样的敬意和怀念，挥泪写下通讯《一个战士就是一座山峰》；代表安徽皖东籍参战战友撰写《致家乡

▲ 火车驶过皖北平原亳州地域

人民的一封信》。在文中，我这样写到："他们有的只是十七、八岁的孩子，有的连父母的信还未看完，就走了，永远走了……透过朦胧泪眼，我们依稀看见，他们轻轻回转过身——笑容依然灿烂，那是阳光在他们心底盛开。"

正是这样一颗颗无私高尚的心灵，让我领悟了生命的真谛，领悟了信念的力量。他们是军人的骄傲，让世界充满感动；他们是中国的脊梁，让江山如此多娇。他们是我们报道的对象，更是我们学习的榜样。

三十余年来，无论岗位、职务如何变化，但新闻宣传一直伴随着我。新闻事业让我收获了见识、温暖和经历。

收获见识。从战地报道员，成长为省再到国家部委主流媒体新闻专业工作者。尤其是担任中国交通报社驻地记者的二十多年中，让我提高了站位，开拓了视野，立意追求穿透力，使新闻作品由公式化到形成了自己的风格化。许多领导看后感慨道，你的文章既说出了我的心里话，还启发了我们今后的发展思路。

收获温暖。报社就像一颗磁铁石，将散布在全国各地记者站、记者聚合在一起。而且大家在相识和交往中，加强了了解，密切了关系，增进了友谊，建立了情感。这里有丰富的资源，有火热的同行情谊。通过这个平台，我结识了风格迥异、个性鲜明的记者站成员及各地交通系统新闻宣传负责人。更让人感到温暖的是，每次去报社都能得到悉心的关照和指导。每念及此，这道难忘的酽酽人情尤如春河漫漫涨起的轻岚，细雨丝丝洇润的纸伞，小巷幽幽飘起的炊烟——浓淡相宜、温暖如家。

收获经历。从军人到记者再到管理工作者，新闻让我的人生经历变得更加丰富、多彩。

岁序常易，华章日新。三十多年来，我始终铭记这样一个教导：新闻人要有一种俯仰天地的境界、一种悲天悯人的情怀、一种大彻大悟的智慧。我想，对记者来说，只有对党和人民的新闻事业充满坚定的信念，才可能会有这种境界、情怀和智慧。

四十年来，《中国交通报》在见证祖国交通的变迁、忠实记录交通发展史的同时，自身也在成长中壮大。

《中国交通报》，正以新的姿态迈向新的征途！

《中国交通报》四十年，我荣幸在此工作了二十多年。

《中国交通报》是大海，她容纳了我这朵浪花，《中国交通报》是厚土，她栽培了我这棵小草。将我三十岁以后的人生与

▲ 长江铜陵港

之紧紧相知，相融，相敬，相爱。

《中国交通报》成就了我的追求与理想，提升了我的价值与境界，包容了我的无知与无力，容忍了我的平庸与无奈。

“浪卷云飞鬓染霜，铁肩妙手愧难当，老来常忆无眠夜，梦里犹闻纸墨香。”

各位同仁：能与你们共事，虽有长有短，于我而言，是缘分，是幸事，更是幸福。因为你们的用心尽力支持帮助，我的新闻事业才一路欢歌。

不宣传的时代已经过去，大宣传的时代已经到来。

你能看到多远的过去，就能看到多远的未来！遥远不远、未来已来，山高水远、来日方长。不久，我就要开启新的生活模式了，作为一个老新闻工作者，衷心祝福各位：人人健康、家家幸福、天天快乐、事事如意！

祝愿中国交通报社的明天更加辉煌！

绿叶对根的情谊

中国交通报社贵州记者站站长　李黔刚

▲ 李黔刚（左）在贵州省遵义市凤冈县进化镇采访“四好农村路”给当地带来的变化

缘分一路走来，情谊永难忘却。

真没有想到，徜徉在时间的长河中，站在报社创刊40年的维度回望，随着时间的推移，我与《中国交通报》的感情越来越深，收获也越来越大。

《中国交通报》从创刊起就与时代同呼吸、与行业共命运。

交通人创造奇迹，中国交通报人见证奇迹、记载奇迹、歌颂奇迹。感谢报社持久的厚爱和信任，在我看来，这份感谢是绿叶对根的情谊。

几十年过去，弹指一挥间。而这段时光恰是我一生中最宝贵的青春年华，也是我最快乐的灿烂日子。

我与《中国交通报》有着不解之缘：我从一名基层通讯员一步步成长为全国交通运输行业报的驻地站长、驻地首席记者，职称也一步步从记者晋升为主任记者、高级记者；多次被报社评为优秀记者、优秀站长、“十佳站长”。前不久，我和另外几名资深站长一起荣获中华全国新闻工作者协会颁发的从事新闻工作三十年荣誉证书和证章，并在报社召开的交通新闻宣传工作会上受到表彰。

以上成绩的取得离不开一个很重要的外在因素——“想干事、能干事、干成事”的良好氛围，特别是报社领导以及各部门同仁对我的鼎力支持和帮助。

在我的成长路上，还忘不了贵州记者站老站长谢明把“接力棒”交在我手上，推荐我到记者站后的首篇通讯《边坡防护添“新方”》上了2版头条。当时，谢明在我的稿件首页上方写下推荐评语，文字稿通过传真机传到报社，所配照片则需采用调制解调器通过电话线传递，通联部的俞丽君大姐负责接收稿件，她很耐心，花了半个小时才接收完文章所配的照片。这事如果放在网络发达的现在，只需点击一下鼠标，1秒钟内就能完成。

回眸往事，许多鲜活的人与事至今仍历历在目。2004年，

▲ 坝陵河大桥钢桁梁首节段吊装

报社从北京派记者来贵州采访，我接到任务后，协助配合、全程参与。采访对象是一位感动了贵州省乃至全国的人物，他就是贵州铜仁市沿河县茨坝小学的校长刘恩和。因为有他，这个村在 1999 年神话般地建起了一座在全县都堪称“豪华”的小学校舍；也是因为有了他，茨坝村在 5 年后奇迹般地修通了有史以来第一条与外界相通的公路。当第一辆汽车通过这条路开进村里的时候，许多人围着汽车总也看不够，一位老人边摸还边问:“这汽车是公的母的?”惹来一阵笑声。过去，茨坝村甚至有许多人一辈子都没到过县里，更别说见过汽车了。在当地流传着一个笑话：两位妇女吵架，其中一位急了，脱口而出：“我连洪渡都去过，你还有什么说的?”实际上，洪渡镇离茨坝村还不到 40 公里。笑话的背后，流露的是乡亲们那份无路的辛酸。

2008 年大年三十夜，我收到一条手机短信，这是来自于报社一位老师的新春问候:“经历了冰雪炼狱，迎来了春回大地，阳光这样灿烂，春风如此和煦，铭记着抢通的日夜，见证了平安的不易。”读短信的那一刻，一股暖流涌上心头。我感动于这种关爱，是啊，这种关爱让有冰雪的日子里充满着温馨。因为这一年贵州省大部分地区遭受多年不遇的雨雪冰冻灾害，为了及时报道交通运输系统干部职工抗击雪灾的事迹，我克服困难，坚守在基层一线采访报道。

2008 年，四川省汶川发生地震。灾情就是命令，5 月 16 日一早，我跟随贵州交通运输部门紧急集结的支援车队赴地震灾区采访。在赴川途中，报社的老师不停地给我打来长途电话，再三叮嘱我注意安全，还告诉我报社为我已投了人身保险。大灾面前，报社应急机制的作用充分体现出来，给我留下

▲ 厦蓉高速公路贵州境水口至都匀高速公路

▲ 上海至昆明高速公路贵州镇宁至胜境关段坝陵河大桥建成通车，当地村民第一时间“亲密接触”这座幸福桥、民心桥、腾飞桥

了深刻印象，交通部门到抗灾一线采访的记者不是单兵作战，而是上下同心的群体。从报社到各地记者站，大家扭成一股绳，劲往一处使。记者站平时建立起来的通讯员网络，这期间也发挥了重要作用。这次地质灾害在严酷考验着我们整个社会的应急能力的同时，也考验着我们交通新闻工作者是否有敢打硬仗的能力。

时光如白驹过隙，我与《中国交通报》结缘近 40 年，到年底我即将退休。寻觅这些年的心路历程，我总感觉有一道光始终亮着，它从报社本部发出来，一直引导我奋楫前行。

记者站是报社和地方之间坚不可摧的“纽带”和“桥梁”，从见证“万桥飞架”的人间彩虹之中，我仿佛看见一座座“桥梁”就是我们交通报人跨越山水、一往无前的美好记忆，也是同仁们回望过去永远的乡愁。在本文收尾处，我也想过几句结束语，但都不能表达自己此刻的心情，索性把最近读到泰戈尔的一首诗《用生命影响生命》分享给大家：

把自己活成一道光，
因为你不知道，
谁会借着你的光，
走出了黑暗。
请保持心中的善良，
因为你不知道，
谁会借着你的善良，
走出了绝望。
请保持你心中的信仰，
因为你不知道，
谁会借着你的信仰，
走出了迷茫。
请相信自己的力量，
因为你不知道，
谁会因为相信你，
开始相信了自己，
愿我们每个人都能活成一束光，
绽放着所有的美好！

感恩有你　带我前行

中国交通报社河北记者站站长　杨玉昭

▲ 杨玉昭（左）在河北高速客户服务中心采访 12328 交通运输服务监督热线运行服务质量

自 1984 年创办至今，《中国交通报》走过了 40 年波澜壮阔的发展历程，一路栉风沐雨，一路春华秋实，见证并记录着我国交通运输事业取得的巨大发展成就。

四十不惑正当年。《中国交通报》四十年筚路蓝缕、风雨兼程，从以纸媒为主到集报纸、新闻网、微信、微博、舆情、手机客户端、手机数字报等于一体的全媒体平台，当之无愧为行业舆论的执牛耳者。作为《中国交通报》的记者，我由衷地为她取得的成就感到欣喜和自豪。

壮心不已启新程。在《中国交通报》创刊40周年之际，报社向我约稿，让我倍感荣幸、心生敬畏。白居易在《与元九书》中说："文章合为时而著，歌诗合为事而作。"多年来，我始终将此作为入行使命，为改革鼓与呼，为民生思与谋，与我所热爱的交通运输事业共同成长。回首过去，我无比珍视与报社之间这份沉甸甸的缘分，一次次的采访和历练，让我对行业有了更深层次的认知。细数过往，我更加从容应对，从青涩发声到成熟思考，有几篇文章令我至今难忘。

一篇是报道。2000年，石家庄的私家车还不多，出租车仍是城市短途出行的主要方式之一。一度在全国榜上有名的石家庄出租车，也有了拒载、加价、绕路等乱象，城市美誉度下降、行业形象受损、民生满意度打折。身为一名行业文明宣传使者，那种"职业病"、那份责任感让我坐立不安。我下定决心，要借力我们的平台，呼吁各界重视这个问题。得益于报社的大力支持，我的《石市"打的"拒你没商量》一文在出行周刊头版头条刊发。文章发表后，引起石家庄市委市政府的高度重视，乱象以最快速度得到关注和整治。这是我第一次深刻感受到新闻舆论监督工作的强大影响力，也让我对自己选择的这份事业更加笃定与敬重。

还有一篇是言论。2016年，京港澳高速石家庄城区段，仅设有3处高速公路出入口，几米高的路基横亘在城区内，像

▲ 石家庄复兴大街滹沱河特大桥

一堵墙割裂了城市空间，空气质量也因此变差。看着我居住的城市"喘不上气"，我颇费思量后在报纸发表《高速穿城，请留下"喘息"空间！》，建议将高速公路穿城路段高架起来，呼吁还路权给市内交通，还空间给空气流通。2022 年 3 月起，河北省对省会穿城而过的高速公路实施市政化改造，全线新建 13 座大桥、3 座地下隧道，设置 11 座互通立交，有效消除了城市割裂。复兴大街滹沱河特大桥建成通车后，更是成为石家庄的地标性建筑。全国闻名的老堵点——裕华高速口不复存在，变成新通途。在城市建设发展过程中，看到自己呼吁的观点被社会认可，一步步变成现实，那种欣喜感让我久久难以平静。

纸媒之外，报社的各项重大宣传活动更是精彩纷呈。自 2016 年以来，交通运输部重大主题宣传活动"我的公交我的城"活动已走过 40 多个城市，每场活动都有承办单位中国交

▲ 石家庄市裕华路与复兴大街立交互通

通报社人忙碌的身影，每座城市公共交通都因此成为闪亮的城市名片。今年 7 月 30 日，这项活动在河北省沧州市启动，受到沧州市委市政府的高度重视，30 余家中央和地方媒体记者、百余名公交企业代表共聚一堂，探寻城市公共交通健康可持续发展“密码”，深入交流公共交通事业高质量发展经验。而我作为参与者也见证了这场盛大的、值得载入史册的重大宣传活动，为报社在全国交通行业宣传工作上发挥的巨大影响力而欢欣不已。

岁月催人老，抬眼已半生。那是 1996 年，初入报社的我，还是一名 20 多岁的小伙子，如今，已到了知天命的年纪。回顾自身的成长历程，我坚定认为自己的成长进步，与报社的关心和培养分不开。中国交通报社于我，如伯乐，让一名刚刚从中文系毕业的大学生，有了施展“拳脚”的舞台；如良师，参加报社的各种活动、会议、培训，让我领略了诸多举世瞩目的国家重大交通工程的风采；如挚友，常年来阅读《中国交通报》，让我坚持学习，了然全国交通大事小情，有了更加广阔的眼界。得益于此，我有了难得的新闻视角和思维，有了全国交通的站位，有了交通天下的格局，能够更好地为交通运输工作服务。对此，我深怀感恩之心。

春去春又来，《中国交通报》已经带我走过 28 年，这漫长的岁月，让我和报社已经密不可分。值此《中国交通报》创刊 40 周年之际，我想由衷地向报社说一声“感谢”，也在此深情祝福报社，在新的征程中继往开来、再创辉煌！

长在心上的梦

中国交通报社河南记者站站长　周爱娟

▲ 周爱娟（右一）在郑州公交 B53 路采访一线驾驶员

一

我要当记者

就想当记者

长在心上的梦

用对了

▲ 安阳至罗山高速罗山至豫鄂省界段刘湾互通

儿子的话说

配得上

媒体工匠

……

二

服务过政府其他部门

始终如一

用对心

启智润心干着有文化的事

人生中最高光的里程碑

媒体行业承认了
不辜负《中国交通报》
不辜负自己

三

人生易老情未了
圆满
新闻终身成就奖

四

闺蜜说
哇噻哇噻！
今年参会人员中最美的是穿白色上衣戴胸花的女同志
齐刷刷的目光落在你这里
……
感恩遇见
感恩身边鼓励的人
人生中陪伴的力量
感恩带我们成长守护的老师　领导　贵人相帮
珍惜拥有
珍惜路过的风景
珍惜……

五

历经千帆仍少年

为了追梦

女孩的脚步没有乱

诗意的青春里激情满满

用对心

始终如一

六

多少个夜深人静赶稿子怕黑的路上

被远方窗口透着的那盏灯　点亮

又有多少个痴迷抒写心惊肉跳的新闻场景

泪流满面

陪伴我多年的通讯员诗说

那枚奖章

分明就是一枚勋章

镜头总对准基层一线

用智慧丈量

在检阅的乐声中

铿锵玫瑰这时绽芬芳

……

▲ 河南济源南山产业旅游路

七

每个细胞　每根发丝

每滴眼泪都会喊一声妈妈

作为母亲

作为女记者的孩子

都似放养式儿滴

各写各的作业

习以为常

每每想起儿子站在小凳子上窥探的大脑壳

四目相对的那个瞬间

酸楚的心都碎了

女记者

对孩子缺少陪伴

……

对新闻

是长在心上的梦

职业操守时时电话畅通

不用闹钟提醒准时采访

自觉通读各类报告

领略民生市井

小花儿　小草

▲路通了，地处山区的河南济源承留镇大沟河村变身网红打卡地

八

“只恐为僧僧不了
为僧得了总输僧”
追梦的蚂蚁累了　倦了
长在心上的梦
在极度压榨里　挣扎　裂变
以禅茶入诗
与诗对话
慰藉得无牵无挂

九

能一起做什么
记者　记者站长了
新闻在诗广阔空间的维度中央
迎着玫瑰雨
洒满了金阳光
念清风　却浮云
恰当一卷书
我们骑着蜗牛去解读
去欣赏……

新闻之眼见证历史 新闻之笔记录历史

中国交通报社副总编辑 林 芬

▲ 林芬（左）采访原交通部副部长王展意

回忆在报社工作的 18 年，我心中百感交集，有太多难忘的人和事，一篇稿件、一幅照片、一个版面，背后都有一段故事、一份坚持、一种情怀。其中最难忘的，要数 2018 年的“见证 40 年”主题访谈。

那是 2018 年报社最重磅的报道。改革开放以来，40 年风雨同舟，40 年披荆斩棘，40 年砥砺奋进，交通运输行业始终把自身发展与国家民族命运紧密相连，把握住历史发展大势，抓住历史变革时机，奋发有为，锐意进取，取得了举世瞩目的成就。无数交通人凭着“逢山开路、遇水架桥”的奋斗精神，创造了一个又一个人间奇迹。

访谈工作从 4 月份开始筹备，一直持续到年底；采访了 40 位交通运输改革开放事业的“有故事的人”，为开拓者、参与者、亲历者留下了珍贵的文字、照片、视频史料。

1000 万阅读量礼赞“了不起的交通人”

40 年 40 人的采访是一项庞大的工程。2018 年 4 月中旬，采编中心拟定了《中国交通报社纪念改革开放 40 周年主题访谈策划方案》，方案中系统梳理了 40 年来交通运输重要法律法规、重大国家政策、重要发展规划、重点改革创新及里程碑事件、标志性工程，拟以此为脉络，采访相关的参与者和见证者。

4 月 16 日，方案报送蔡玉贺社长、李咏梅总编辑审定。4 月 18 日至 5 月 18 日，报社与交通运输部离退休干部局共同组织召开了 5 次座谈会，征求黄镇东、王展意、林祖乙、李居昌、胡希捷等老部长以及老总工、老司长的意见、建议。4 月 28 日，黄镇东老部长还率《中国水运史》《中国水运工程建设实录》综合编撰工作委员会到报社召开了一次沟通会。李盛霖、钱永昌等老部长也鼎力支持。

从 4 月 18 日召开第一场座谈会，到最后一篇稿件 12 月 31 日定稿，时间跨度半年多，报社本部参与采访、写作、照相、编辑、摄像及视频制作、新媒体产品制作人员多达三四十人，还发动了记者站广泛参与。离退休干部局、水运“一史一录”综合编撰工作委员会也有十多人参与。采访地点覆盖北京、上海、深圳、南京、大连、西安、珠海、武汉、海口、三亚等 10 个城市。

有些事在史书中只是淡淡的一笔，但其背后却有一台戏一般的故事。“见证 40 年”访谈报道努力做到“内行看出门道，外行看出味道”，通过往事、故事、史实、史记，呈现立体的交通运输改革开放史，在交通运输系统中产生共鸣，在全国产生广泛的影响。

独特视角的交通运输改革开放史，以文字、图片和视频的融媒体报道形式，通过报纸、微信、微博、网站、手机客户端发布，协调全网推广，引起广泛关注。各新媒体平台的总阅读量超过 1000 万。读者纷纷留言，礼赞“了不起的交通人”。

2019 年，在“见证 40 年主题访谈”的基础上，部离退休干部局与报社还共同开展了“交通文化与交通精神传承及机制研究”，将主题访谈作为传承交通文化与交通精神的典型个案列入研究范畴。主题访谈，通过见证者的讲述、与记者的对话以及背景资料的补充，很好地实现了私人记忆与公共历史的衔接，让“共享记忆”在互动传播中发挥交通文化与交通精神传承的作用。访谈成果于 2020 年集结成书向勇立潮头、奋勇搏击的交通人致敬。

那年的心潮澎湃

相遇相知、共鸣共识，今天重新翻阅老部长老专家们亲笔修改的访谈稿件、读者留言、同事们的采访感悟等资料，想起当年的一幕幕，感到特别亲切。

“当你在印度洋航行，你会感受到15世纪我国伟人航海家郑和的足迹。当你在英吉利海峡航经法国北部诺曼底沿岸时，你能想起二战十五万盟军跨过海峡惊天地、泣鬼神的决战。地理的轮廓、山脉的起伏、海洋的深浅都会深深印在心中……”那年85岁的原交通部部长钱永昌坐在病房的窗边，微笑地看着我们，说自己的记忆力有点儿下降。采访间隙，重复问了几次我们每个人的姓名、单位，努力地把我们留在记忆中。

“这些访谈，我都剪下来了，有的还复印了，勾起了我的回忆。我亲身经历了改革开放的时代，这是一个伟大的时代，回想起来也很激动，也想说点什么。”采访原交通部副部长刘锷时，他手里拿着一叠《中国交通报》“见证40年主题访谈”的剪报和用别针整整齐齐别起来的小纸片。

《任何成功都是天人合一的结果——访上海振华重工集团原总裁管彤贤》报道见报后，管老特意给我发短信：“不少多年不见的老朋友来电问候，传媒神力令人钦佩。”

许多参与访谈的同事也细细记下了那年的心潮澎湃。

同事孙英利说：“94岁高龄的江波老先生，是我从业以来最年长的受访者。他的一生就像一部电影，情节跌宕起伏，光是听一听，我的心跳都会加速。是改革大势创造了这些时代先锋，更是他们全力推动了开放的历史浪潮。”

采访原交通部副部长刘松金后的一周，同事李春晓“始终处于亢奋状态”。她说：“反复修改中，我感受到成熟稿件背后的责任之重与标准之高。沟通审稿中，我感受到老部长的实干笃行和身边人对他的爱。”

“年逾七旬的原交通部副总工王玉头发虽已花白，精气神却不输年轻人。她身上那股劲儿，经历岁月风霜，平静却有力量。”同事王俊峰说，王玉前前后后接受了三次采访，时间跨度有几个月，准备了大量来自雪域高原的珍贵素材，那片纯净高洁的地方已经融入她的血脉，成为她人生不可分割的一部分。

同事赵鹏飞回忆，那时 81 岁的原交通部总工杨盛福，接受采访时一口气讲了两个多小时，精神矍铄、思路清晰，还手写了 4 整张纸的内容，其间，多次与他通话，为稿件的完善提供了丰富的素材。“交通运输行业的昨天、今天、明天，靠的是什么？我想，靠的就是这样一批批为行业发展付出真诚努力的可爱的人吧！”

这些难忘的关怀与指导、支持和帮助、建议或意见，都是丰厚的滋养，将激励我们继续提升“脚力、眼力、脑力、笔力”，先行路上写通鉴！

不惑亦韶华

中国交通报社新闻信息中心副主任　常　亮

▲ 参与党的二十大新闻宣传工作

时至今日，与报社初见的场景仍历历在目。

那时候没有高铁，从家乡到北京乘坐绿皮火车需要整整一夜。时间很慢，思绪很长，进京赶考的紧张和憧憬未来的兴奋在心头交织，彻夜未眠。从北京站下车，辗转两辆公交，就到了安华西里那座安静的小院。只记得那天阳光很刺眼，院子的大门很重，等待面试的时间里，我向传达室大爷要了一份当天的《中国交通报》，新鲜油墨的味道沁人心脾。

2007 年，我 23 岁，正巧，报社也是。那一年，基于电子报升级打造的中国交通新闻网刚刚运营不久，我是校招的第一批网络编辑。那时候，还不知道互联网、大数据会对人们的生活带来如此深刻的变革，即将诞生的新媒体会对整个传媒格局带来如此猛烈的冲击，更没有想到传统行业报刊的未来将面临怎样的挑战，又将走向何方。好在那时的我们正值青春韶华，敢想敢干，说走就走。一根网线、两台服务器，带着三五新兵，报社这艘大船就这样迎着互联网时代的浪潮扬帆远航了。

2011 年，传媒行业发生了两件大事：非时政类报刊正式启动转企改制，划时代的自媒体代表作——微信 App 上线公测。一件轰轰烈烈，一件蓄势待发，对于报社来说都影响深远。随着转企改制进程的铺开，报社开启了媒体融合发展的序幕，也为年轻人搭建了充满无数可能性的绚丽舞台。有幸的是，在乘风破浪的这十几年间，我经过多岗位的历练，跟随报社创造了很多个第一次。

在网络部工作时期，参与建设的报社首个全媒体运营平台——新闻信息产品协同运营平台，成为全国行业报刊中第一个获得“王选新闻科学技术奖”一等奖的信息化项目，为报社未来媒体融合发展打下坚实的技术和装备基础。在新媒体中心工作时期，注册运营了报社的第一个微博账号和微信账号，编制了第一份网络舆情报告，走出了报社融媒体矩阵发展的第一步。在传媒公司工作时期，借着全面脱贫攻坚的东风，开创了交通扶贫电商品牌，搭建部对口扶贫地区特色产品向行业单位供销的平台，实现传媒公司转型后的首次扭亏为盈。在新闻信息中心工作时期，参与撤销高速公路省界收费站、抗击新冠肺炎疫情等重大任务，还有幸代表报社被部推荐借调中宣部，为党的二十大期间各类新闻发布活动的成功举办贡献了绵薄之力。

这是一个快节奏的时代，一潮还未落下，一潮又已涌起。对于报社来说，要不断适应新的环境、新的政策、新的课题，对我们这一代报社人来说，更要勇于承担新的任务、新的岗位、新的责任。多年来，冲锋的脚步未曾停歇，直到来到经营发展部，坐下来静静翻开报社经营历史的账本，才发现原来报社在媒体融合、多元发展的道路上，根基已如此厚重，枝叶已如此茂盛。

从一张报、一个网，不断迭代发展成为拥有报、网、微、端及 15 个“交通发布”系列第三方平台账号的融媒体矩阵，全网粉丝超约千万人，真正成为了交通运输行业最具权威性、影响力、公信力的全媒体宣传平台；在面对体制改革、媒体转型、新冠疫情三重叠加的复杂局势下，经营工作稳中求进、守正创新，年营收和总资产不断取得新突破，实现逆势上扬、年年攀升。记得有一位老同志说过，报社背靠的是整个交通运输行业，这就有了应对所有挑战的底气和勇气。而报社带给我们的，更是这般润物细无声的获得感和举重若轻的安全感。

光阴就像高铁越跑越快，今年，我将陪伴报社一起度过

40 岁的生日。年至不惑，却时常回想起那一幕幕热血瞬间。永远忘不了马航 MH370 失联后，我在部搜救指挥现场用微博实时播报搜救动态时的紧张心悸；忘不了疫情初起的那个大年初一，通宵达旦值班 24 小时后窗外升起的那缕晨曦；更忘不了在人民大会堂参与组织党中央新闻发布会时，那份作为一名新闻工作者的自豪和荣耀。

也许，这正是年轻人应有的样子。

让人欣喜的是，越来越多的年轻人从五湖四海汇集到报社这个舞台，带来了风华正茂的蓬勃气象。走进职工之家，透过目不暇接的新闻奖、创新奖、贡献奖的奖杯，我仿佛看到一个个年轻的身影，披着不负韶华不负秋、只生欢喜不生愁的阳光羽翼，跨越在那荒无人烟的施工现场、穿行在那车水马龙的街头巷尾，坚守在那烈日炎炎的车站码头……以笔为剑、以墨为锋，记录着祖国交通运输事业发展历程中的每一个精彩瞬间，娓娓道来那些属于交通人自己的故事和独有的浪漫。

当然，那已不是我。

但是，那不也正是我吗？

一步一个脚印向前走

中国交通报社科教中心副主任　梁　微

▲ 参与全国两会报道

岁月如歌，年华如梦。在报社的 11 年旅程，如同一条悠长而绚烂的旋律线。伴着报社发展的节拍，我也一步一个脚印地向着新闻理想前行。

启程

2013 年 5 月春光灿烂，掩映在绿树中的安华西里三区 13 号楼，让人有种莫名的亲切感。

来到报社后，我的第一个岗位是新闻中心（现采编中心）教培版编辑、记者。因为在大学七年里，自己学的是新闻类专业，也在学校媒体、校外媒体有过实践锻炼，初入职时我信心满满。然而，很快就发现自己距离独当一面还有很大差距，一度有些焦虑和彷徨。

在领导和同事的鼓励和帮助下，我渐渐找回前行的节奏。上班时，我留心琢磨各级版面领导的修改意见，向前辈同事请教工作技巧经验；下班后，我去学习优秀的新闻作品，积累交通知识……正是这些看似微不足道的努力，让我逐渐成长为一名真正的参与者。

半年后，我调整到要闻版。报道全国两会等重要会议，采访梁应辰院士等行业大咖，参与报社首个融媒体策划……在更接近新闻理想的舞台，唯有加倍珍惜和努力。

跋涉

“苟日新，日日新，又日新”，在报社的日子里，我常常以“新”自我勉励。2018 年，女儿出生后也取名“新”字。机缘巧合，“新”也成了我重新回归报社后的关键词。

2019 年 1 月产假结束，我调整到采编中心科教部（现科教中心）主编岗位，全新的工作任务、年轻的工作团队、恢复中的身体……一时间感觉“压力山大”。

那段时间，领导和同事给予的支持和信任，给了我爬坡迈槛的勇气。我告诉自己，再远的路，走着走着也就近了；再难的事，做着做着也就顺了。

第一次与合作对象沟通的忐忑、第一次未达成合作的沮丧、第一次策划不被认可的无奈……慢慢地，都留在了身后深深浅浅的脚印里。

挑战，也正是新闻工作的魅力所在。有时为了赶一篇紧急报道而通宵达旦，有时为了寻找一个独特的新闻角度而绞尽脑汁，有时为了维护报道专业性而据理力争……当我看到我们的报道引起行业和社会广泛关注时，所有的疲惫都烟消云散。

“感谢你的浓墨重彩，过去一年的见刊报道是我职业经历中最宝贵的印记。”当不善言辞的女性科研工作者给我发来信息时，我更加体会到这份工作的意义和价值。

再出发

在媒体融合发展的大潮中，我与报社一同踏上了创新突破的征途。

如今，报社已建成包括报、网、端、微及 15 个“交通发布”系列第三方平台账号的融媒体矩阵，实现了“主力军全面挺进主阵地”，也为我们实现新闻理想搭建了更大舞台。

在报社的日日夜夜，我深刻体会到了“纸上得来终觉浅，绝知此事要躬行”的真谛。工作之余，我学习其他媒体优秀融媒体作品的策划思路，向有专长的同事请教新媒体工具的使用方法，和同事一起头脑风暴……每一次小小的行动，日积月累，悄然带来惊喜。2024 年，我们团队运维的交通青年科学家精神传播平台入选了国家新闻出版署第四届中国报业深度融合发展创新案例；策划制作的短视频等新媒体产品兼具“品质”和“流量”，多次被行业主管部门推荐参评全国奖项。

多少年过去，有一个画面始终在我脑海里萦绕：那是 2015 年夏天一个明媚的下午，在国家图书馆里，一位老人拿着放大镜，逐字逐句阅读报纸，认真而专注。这给当时处于瓶颈期的我带来一丝暖，也给充满挑战的未来之路亮起一盏灯。

▲ 梁微（中）参与组织“创新技术赋能　构建数字交通新场景”研讨会

时刻保持心中热爱

中国交通报社运输中心二级资深编辑/记者　张梦怡

▲ 在 2023 中国物流企业家夏季峰会上采访

仍记得初入报社那天老楼屋外的蝉鸣，仍记得每年深秋金黄色的银杏叶洒满院落，转眼来报社已然十年。3000 多个日日夜夜，从安华西里三区 13 号楼到外运大厦，从纸媒到融媒体，报社伴我成长，我也见证了《中国交通报》的华丽转身。

交通专业毕业的我，从没想到有一天会成为记者。第一次独立采写、编辑一个整版，当期编委陈林主任一句“写得不错”给了我莫大鼓励，更点燃了我对新闻事业的无限热爱与追求。在运输中心，我有幸成为唯一一个做过城市交通、汽车、运输、物流全部领域的编辑记者，从组版到看版，从写稿到指导，也让我对行业融合有了更深刻的理解。

十年来，我一直思考如何才能写好稿、做好版？是时刻保有对新闻的热爱和对行业的热爱，是一次次深入田间地头，深入行业企业和基层管理部门，了解大家需要什么、难处是什么、哪里做得好。宣传党的声音，讲好交通故事，是我们交通记者扛在肩上的职责和使命。

2019 年，我陪同时任报社副社长韩世轶赴山东泰安采访，报道 76 个“司机之家”通过验收。领导逐字逐句从标题到内容，敲键盘指导我修改，让我深刻领悟到新闻工作的严谨与

▲ 2018 年，张梦怡（左二）赴哈尔滨采访高寒条件下纯电动公交车的运营情况

▲ 2019 年，参加部交通运输工作综合督查

匠心。也更让我知道，短短几百字的消息写起来不比通讯容易，更应涵盖精髓、找准亮点。

2020 年新冠肺炎疫情期间，我连夜赶出《高速公路免费后个体货车司机获利有限》的记者调查；2023 年负责牵头货车司机生存调研，撰写《货车司机保证金有去难还?》等稿件，在业内掀起反响，也在关键时刻凸显了报社作为党媒深度报道的重要性。

十年来，我负责的活动从报社主办到部主办，大大小小已有四十余场。参与数届感动交通，负责最美货车司机、最美公交司机、风范人物榜样品牌、“我的公交我的城”活动统筹，感恩于领导的信任与重托，每一届数十万字材料，我都认真逐一看过；每一个活动方案、流程，我都认真揣摩、设计。

从第一次接到任务的忐忑不安，到现在的无比从容和松弛。难以忘记和慧欣、敏慧熬夜通宵，在横跨“十一”假期的10天内准备最美公交司机事迹报告会，对接、制作视频、邀请人员、写材料、走文，在会议举办当天，曾经的自己在酒店电梯里偷偷抹眼泪，很难回忆是如何咬着牙坚持了下来。还有在举办“新能源高品质线路”会议现场，和同事两人凌晨4时还在准备主持词，既办活动又要主持写稿的两个人心中只有一个念头：把会办好。

每一次通宵达旦，都是一次磨炼。有努力就会有收获，仍记得有管理部门和企业因飞机延误等十几个小时也要来参加报社举办的活动。“报社办的会很好，我们在汨罗学到的经验已经在各县市用上了。”得到业内对活动的认可，也多次获得部运输服务司的感谢信，我们力所能及地推动运输行业发展，为

▲ 2020年，张梦怡（左一）主持新能源客车 & 绿色出行协调发展研讨会圆桌对话，嘉宾就新能源车辆技术发展趋势展开交流

地方老百姓解决问题、增强幸福感，我由衷地为自己是交通报一员而感到骄傲。

这个十年，我有幸在报社的羽翼下成长，走遍山山水水，见证并用笔触展现运输行业的发展和变迁；用真实的声音，讲述着平凡人的不凡故事；用犀利的笔触，剖析着行业的脉搏与走向。

在苹果之乡山西临猗，和还显青涩的“最美快递员”李朋璇，到老乡家收寄苹果；

在海拔 4000 多米的青海玉树，吸着氧气半卧在邮车后座，听着邮政司机杨全忠讲跑车路上的惊险经历；

在西藏墨竹工卡，一睹沐浴在金色阳光下的甲玛乡，因为拉林公路通车带来的华丽蜕变；

在湖北五峰的深山里，听着 80 多岁从未出过村子的婆婆讲客货邮为他们带来的便利。

一幕幕仍在脑海里，难以忘怀。那些与采访对象共鸣的瞬间，听他们讲述对行业的深刻洞见，是我宝贵的财富，更是激励我不断前行的力量。

这是一个瞬息万变的时代，我们的未来将有无限可能与挑战。我愿擎笔为剑，以梦为马，不忘初心，与《中国交通报》共相守，谱写未来十年新华章。也愿报社在新的起点下扬帆远航，越办越精彩。

我见青山多妩媚，料青山见我应如是

中国交通报社运输中心三级资深编辑／记者　翟永威

▲ 报社旧址门前合影，左一为本文作者

从港珠澳大桥通车到深中通道通车要多久？交通建设者给出了答案：6年。

6年，也是我来到报社的时光。

我的第一篇通讯作品——《碧海丹心逐梦圆》，记载描绘了港珠澳大桥从设计到建设的过程中，交通人的艰辛与努力付出。也是从此时起，交通行业新闻宣传正式成为我一直坚持并为之不懈努力的工作。

为奋力加快建设交通强国、努力当好中国式现代化的开路先锋贡献自己的力量，这不是一句喊喊了之的口号。中国交通报社始终向着这个目标奋进，报社的每一个我们也始终向着这个目标奋进。

回忆6年前，报社还在安华西里的小院内，春日绿荫、夏时光影、秋天金黄的银杏叶、冬季皑皑白雪，时光仿佛凝结在那栋五层小楼。我们，正在其中。编辑着每一期报纸内容，采访了解各地交通的飞速发展，见证着这张报纸在行业中声望益隆，见证着自己迅速成长为合格的行业记者，见证着新时代交通事业发生的翻天覆地的变化。

从陌生到熟悉，再到小院门口的最后一张合照，小楼承载的光阴落下帷幕，报社乔迁新址。

告别了泛着焦黄记忆的小院，来到现代的摩登大厦。

高柳喜迁莺出谷，仿佛一元复始，万象更新。新面貌、新气象，带动新发展。

从塞北到江南，从戈壁到高原，身为记者的我们脚步遍及祖国大好河山，报纸也随着记者的足迹传遍四方。我们深入基层、锻炼“四力”，每一篇新闻报道都倾注了无数心血。

弄潮儿向涛头立，风起正是扬帆时。新时代新征程，报社始终坚持植根行业、服务行业、报效行业，为行业鼓与呼。我们的每一个镜头，都记录着行业变迁的瞬间；我们笔下每一个字符，都印刻着行业发展的成绩。在这一点一滴的积累中，我们也确定了自己追逐的目标——成为专家型记者。在与报社共成长的过程中，我距离这个目标也越来越近。

采访—写作—接受行业反馈，这是一个螺旋前进、不断循环的过程，也是我们作为记者，不断提升自身水平的过程。新闻是现在的历史，这份厚重感给予我们向前的推力。尤其是作为行业记者，我们要深刻认识到自己笔下文字的力量，那是推动行业发展的不竭动力。

笔下的墨香文字如何生花？这需要我们持之以恒去践行追寻。行业站位与责任，让我们在面对行业事件时能够更准确找到新闻点，这样的新闻点既顺应行业发展的政策导向，又符合行业的基础现实，上接天线、下接地气，不外如是。同时，我们还应始终保持一颗好奇心。好奇心驱动我们寻找，寻找过程正是新闻线索挖掘与发现的过程，对于新闻线索的观察与理解也正是优质文字产生的基础，正所谓尽精微而致广大。

毕业后的那个 7 月，在报社小院门口驻足的我；今年的这个 7 月，伏案回忆与报社共成长故事的我……时光向前，我们和报社的故事还在延续。有幸初入职场遇见你，祝你生日快乐，《中国交通报》。

用沾满泥土的双脚走进行业

中国交通报社江苏记者站记者　王肖丰

▲ 王肖丰探访“新海辽”轮

岁聿其莫，日月其除。梦想的种子总会在时间的浸润下，发出嫩芽、长出枝桠。

2017 年，交通运输部党组书记杨传堂来到大连海事大学讲党课。在一个偶然的机会，杨书记来到我所在的航海学院党员活动室。在交流中，我第一次听到《中国交通报》的名字。

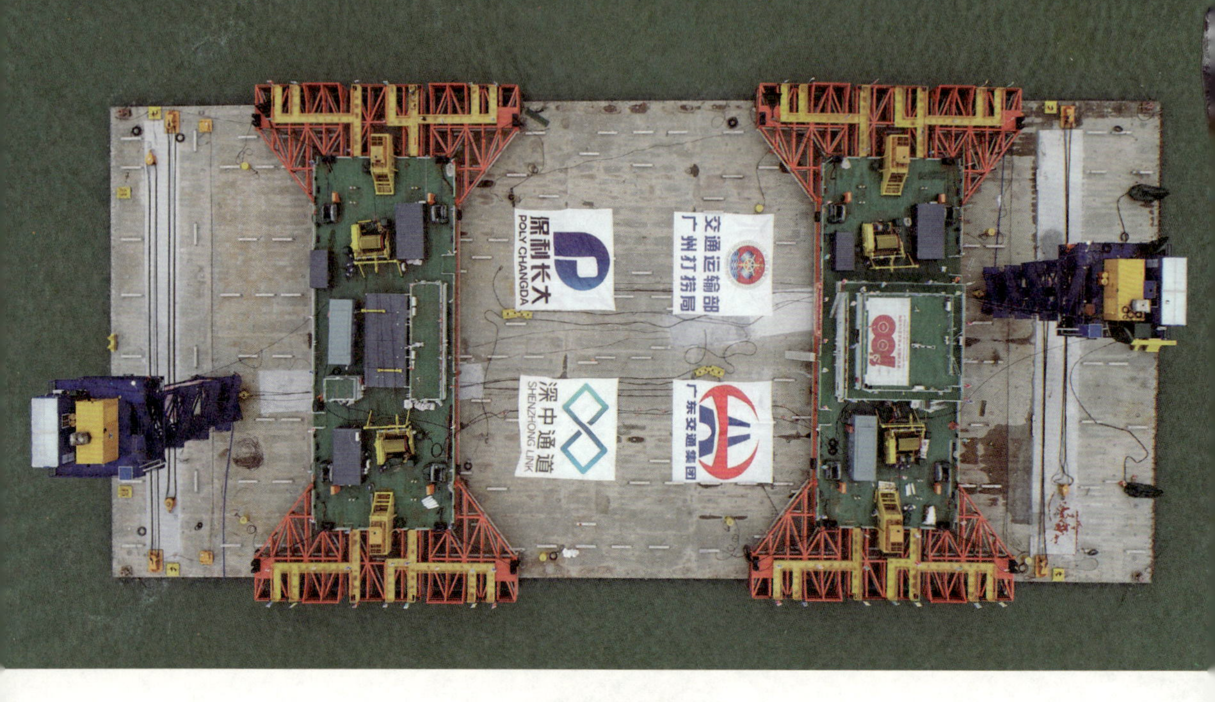

▲ 深中通道沉管对接（一）

热爱文字工作的我在了解《中国交通报》的定位后，心中埋下了应聘这家报社的想法。当年下半年，学校举行双选会。我在会场见到了中国交通报社的招聘台，在经历笔试、面试等关卡后，2018 年 6 月 19 日，航海技术——工科专业出身的我，怀着对航运、交通的热爱来到报社工作。

热爱可抵岁月漫长。一腔热爱转化为我学习新闻采编知识的动力，我苦练“四力”，练好脚力、眼力这一调查研究的“基本功”，练就脑力、笔力这一新闻写作的“笔头功”，只为不负守望行业发展的新闻梦想，用沾满泥土的双脚走近行业，记录交通人的温暖与真情。

青年人要到一线去、到发展前沿去。2019 年 6 月，我随船采访，与 21 名船员同吃同住，以船员工作、生活中的故事为素材，推出的两篇报道引起了很多船员兄弟的共鸣。

来自一线的报道，才能传达出直抵人心的力量。2020 年 9 月，在疫情防控吃紧之时，穿着防护服，汗流浃背登上“新海

▲ 深中通道沉管对接（二）

辽”轮采访，报道一线船员保通保畅的担当，《丹心驭舟　为国远航》等相关报道得到数十家媒体转载，引起学习“海辽”精神热潮。2022 年夏天，我前往深中通道建设现场，与一线施工人员同吃同住 8 天，在 40 摄氏度的高温中用镜头记录沉管浮运安装过程，连续工作 25 小时，写出了《湾区筑梦满赤忱　大国重器鉴丹心》深度报道，得到广泛关注。

奋斗者永远是年轻。

我坚持在新闻实践中磨炼，力争写出“有思想、有温度、有品质”的作品。2019 年以来，我年均完成各类新闻宣传稿件 20 余万字；仅 2023 年，出差 56 天，占全年工作日的 22.4%；扎根工作岗位，多次连续采访，深入黑辽鲁苏沪浙闽粤琼甘宁鄂等 17 个省（区、市）、40 余个城市，采访交通、海事、航保、救捞、港航企业、航运服务企业、行业学会协会、科研院所等不同单位百余次，高质量完成相关稿件报道，充分利用全媒体平台发布，力争讲述好交通故事、传播交通好声

▲ 深中通道沉管对接（三）

音、传递交通正能量，在奋力加快建设交通强国的征程中破浪前行。

到行业一线去，去触摸行业的发展脉搏。

我立足主业，关注智慧港口、绿色港口、电动船、脱贫攻坚、北斗组网、安全生产月、新质生产力、邮轮复航、船舶替代燃料、能源保障、更贴近民生实事等热点；开展北外滩国际论坛、世界航海科技大会、长三角水上应急论坛、寻找“最美验船师”、智能航运峰会、航海日论坛、航海科普活动周等重点行业活动报道，参与“改革开放 40 周年”“新中国成立 70 周年”“中国共产党成立 100 周年”“新春走基层”“交通强国建设试点”等重点策划、重大采访活动。

是的，扎根行业才能在行业内走得更远。我在实践中提升自己，关注的话题更加具有广度、深度，撰写的稿件更加鲜活生动、富有意义，也收获了行业的肯定与赞许。我采写的黑龙江海事局“冰·河行健”入选交通运输政务事业类十佳文化品牌；采写的烟台打捞局“光汇 616”轮应急抢险队入选“感动交通十大年度人物”；采写的中远海运“远神海”轮入选“感动交通特别致敬人物”；采写报道获产经新闻奖三等奖、交通报刊协会三等奖、交通运输春运优秀作品、报社好新闻奖、报社融媒体奖等奖项。

乘风好去，长空万里，直下看山河。如今，我走向了新的工作岗位——成为了中国交通报江苏记者站记者。未来，我会努力发现生动的奋斗故事、追梦故事，写出“有思想、有温度、有品质”的作品，争做党和人民信赖的新闻工作者、党和人民满意的新闻工作者。

▲ 2024 年 10 月 18 日，社领导与“我与《中国交通报》共成长”岗位练兵活动获奖者合影

▲ 2023 年 7 月 15 日，交通运输部直属机关职工大众体育项目运动会上，本社代表队合影

▲ 2023 年 5 月 5 日，本社与中国铁建组织主题教育联学共建党日活动

▲ 2024 年 9 月 22 日，2024 年部直属机关职工长跑比赛，本社代表队合影

▲ 2021 年 10 月 20 日，退休支部前往香山双清别墅开展党史学习活动

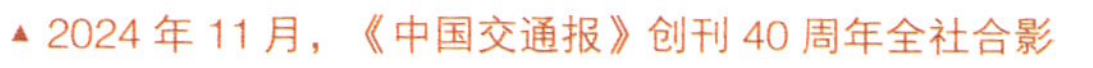

▲ 2024 年 11 月，《中国交通报》创刊 40 周年全社合影